Moderner JavaScript-Leitfaden

Ihr Schritt-für-Schritt-Leitfaden für modernen Code

Pedro Middysunn

Inhaltsverzeichnis

JavaScript kennenlernen

1

Mach dich bereit, in die dynamische Welt der Webentwicklung einzutreten. Dieses Kapitel stellt dir JavaScript vor, die Sprache, die Websites Leben einhaucht. Wir werden untersuchen, was es ist, seine Ursprünge zurückverfolgen und verstehen, warum es zu einem solchen Eckpfeiler moderner Technologie geworden ist. Betrachte dies als dein erstes Händeschütteln mit JavaScript – wir werden die Grundlagen behandeln und sicherstellen, dass du die einfachen Werkzeuge hast, um sofort mit dem Experimentieren zu beginnen. Am Ende dieses Kapitels wirst du deine ersten Codezeilen geschrieben haben und bereit sein, tiefer in seine Kernkonzepte einzutauchen.

Was genau ist JavaScript?

Im Kern ist JavaScript eine **Programmiersprache**, die hauptsächlich verwendet wird, um interaktive und dynamische Inhalte auf Websites zu erstellen. Stell dir eine Website wie ein Haus vor. HTML (HyperText Markup Language) wäre das strukturelle Gerüst – die Wände, Böden und das Dach. CSS (Cascading Style Sheets) wären die Farbe, Tapeten und Möbel – sie definieren das visuelle Erscheinungsbild und das Layout. JavaScript ist dann die Elektrizität, die Sanitäranlagen und die Automatisierung – es lässt Dinge *geschehen*.

Ohne JavaScript sind Webseiten meist statische Informationsanzeigen, wie eine gedruckte Broschüre. Mit JavaScript kannst du:

- Elemente erscheinen, verschwinden oder animieren lassen.

- Benutzereingaben in Formularen vor dem Senden validieren.
- Neue Daten von einem Server abrufen, ohne die Seite neu zu laden.
- Slider, Karussells und interaktive Karten erstellen.
- Komplexe Webanwendungen, einschließlich Spiele, erstellen.

Es ist eine vielseitige, textbasierte Sprache, die direkt in deinem Webbrowser (und an anderen Orten, wie wir sehen werden) ausgeführt wird. Du benötigst keine speziellen Compiler oder eine komplexe Einrichtung, um mit grundlegendem browserbasiertem JavaScript zu beginnen.

Eine kurze Geschichte: Von Netscape bis heute

Die Geschichte von JavaScript beginnt Mitte der 1990er Jahre, in den frühen Tagen des Webs. Netscape Communications, die Entwickler des beliebten Netscape Navigator-Browsers, erkannten den Bedarf an einer einfachen Skriptsprache, um Webseiten interaktiver zu gestalten. HTML war großartig für die Struktur, aber es konnte nicht viel *tun*.

1995 wurde ein Programmierer namens **Brendan Eich** beauftragt, diese Sprache zu entwickeln. Die Legende besagt, dass er den ersten Prototyp in nur 10 Tagen entwickelte! Ursprünglich hieß sie Mocha, dann LiveScript und schließlich, in einem Marketing-Schachzug, um sie an die populäre Java-Sprache anzulehnen (obwohl sie **sehr unterschiedliche** Sprachen sind), wurde sie zu JavaScript.

Microsoft veröffentlichte bald seine eigene Version, JScript, für den Internet Explorer. Dies führte zu Kompatibilitätsproblemen – Code, der für einen Browser geschrieben wurde, funktionierte möglicherweise nicht im anderen. Um dies zu lösen, wurde JavaScript bei ECMA International eingereicht, einer Organisation, die Standards erstellt. 1997 veröffentlichten sie den ersten offiziellen Standard für die Sprache namens **ECMAScript** (oft als ES abgekürzt).

Seitdem hat sich ECMAScript durch zahlreiche Versionen weiterentwickelt (ES3, ES5, ES6/ES2015, ES2016 usw.), wobei neue Funktionen und Fähigkeiten hinzugefügt wurden. Modernes JavaScript, auf das sich dieses Buch konzentriert, beinhaltet diese leistungsstarken Ergänzungen, die das Schreiben komplexer Anwendungen erheblich erleichtern. Während "JavaScript" der gebräuchliche Name ist, bezieht sich "ECMAScript" auf die offizielle Spezifikation. Stell dir ECMAScript als das Regelbuch und JavaScript als die beliebteste Implementierung dieser Regeln vor.

Warum heute JavaScript lernen?

JavaScript zu lernen ist eine der wertvollsten Investitionen, die du tätigen kannst, wenn du dich für Technologie interessierst. Warum?

1. **Allgegenwart:** Es läuft auf praktisch jedem Webbrowser auf Desktops, Tablets und Smartphones. Benutzer müssen nichts Zusätzliches installieren.
2. **Vielseitigkeit:** Ursprünglich auf Browser beschränkt, ist JavaScript explodiert! Mit Umgebungen wie Node.js (auf die wir später eingehen werden) kannst du JavaScript verwenden, um serverseitige Anwendungen, mobile Apps, Desktop-Software und sogar Hardware zu steuern.
3. **Riesige Community:** JavaScript hat eine der größten und aktivsten Entwicklergemeinschaften der Welt. Das bedeutet eine Fülle von Ressourcen, Tutorials, Bibliotheken, Frameworks und leicht verfügbare Hilfe, wenn du nicht weiterkommst.
4. **Karrieremöglichkeiten:** JavaScript-Entwickler sind in verschiedenen Branchen extrem gefragt. Ob Front-End-Entwicklung (Benutzeroberflächen), Back-End-Entwicklung (Serverlogik) oder Full-Stack (beides) – JavaScript-Kenntnisse öffnen unzählige Türen.
5. **Es ist fesselnd:** Dinge visuell auf einer Webseite geschehen zu lassen, gibt sofortiges Feedback, was für Lernende unglaublich lohnend und motivierend sein kann.

JavaScript überall: Browser und darüber hinaus

Wie bereits erwähnt, reicht die Reichweite von JavaScript weit über das Ändern von Button-Farben im Browser hinaus.

- **Front-End Webentwicklung:** Dies ist sein traditionelles Zuhause. Bibliotheken und Frameworks wie React, Angular, Vue und Svelte basieren auf JavaScript und treiben viele der komplexen Webanwendungen an, die du täglich nutzt.
- **Back-End Webentwicklung: Node.js** ermöglicht es Entwicklern, JavaScript auf Servern auszuführen. Das bedeutet, dass du dieselbe Sprache sowohl für die clientseitige (Browser) als auch für die serverseitige Logik einer Webanwendung verwenden kannst, was den Entwicklungsprozess vereinfacht.

- **Mobile App-Entwicklung:** Frameworks wie React Native, NativeScript und Ionic ermöglichen es dir, native-ähnliche mobile Apps für iOS und Android mit JavaScript zu erstellen.
- **Desktop-Anwendungen:** Werkzeuge wie Electron (das Anwendungen wie VS Code, Slack und Discord antreibt) ermöglichen die Erstellung plattformübergreifender Desktop-Anwendungen mit JavaScript, HTML und CSS.
- **Spieleentwicklung:** Zahlreiche Bibliotheken und Engines (wie Phaser oder Babylon.js) erleichtern die Spieleentwicklung für das Web und andere Plattformen mit JavaScript.
- **Internet der Dinge (IoT):** JavaScript kann sogar zur Programmierung von Mikrocontrollern und zur Interaktion mit Hardwaregeräten verwendet werden.

Obwohl sich dieses Buch hauptsächlich auf die Grundlagen und browserbasierte Anwendungen konzentriert, zeigt das Verständnis dieses breiteren Kontexts die immense Leistungsfähigkeit und das Potenzial der Sprache, die du gerade lernst.

Richte deinen Spielplatz ein

Das Fantastische am Einstieg in JavaScript ist, dass du wahrscheinlich bereits die notwendigen Werkzeuge hast! Du musst nicht sofort komplexe Software installieren.

Die Entwicklerkonsole deines Browsers nutzen

Jeder moderne Webbrowser enthält eine Reihe integrierter Werkzeuge für Webentwickler, oft als "Developer Tools" oder "DevTools" bezeichnet. Einer der wichtigsten Teile ist die **Konsole**. Die Konsole ermöglicht es dir, JavaScript-Befehle direkt einzugeben und auszuführen, von Skripten protokollierte Nachrichten anzuzeigen und Fehler zu untersuchen.

So öffnest du die Konsole:

- **Google Chrome:** Drücke `F12` oder klicke mit der rechten Maustaste auf eine Webseite, wähle "Untersuchen" (oder "Inspect") und klicke dann auf den Tab "Konsole" (oder "Console"). (Unter macOS: `Option` + `Command` + `J`)
- **Mozilla Firefox:** Drücke `F12` oder klicke mit der rechten Maustaste auf eine Webseite, wähle "Element untersuchen" (oder "Inspect Element") und klicke dann auf den Tab "Konsole". (Unter macOS: `Option` + `Command` + `K`)

- **Microsoft Edge:** Drücke F12 oder klicke mit der rechten Maustaste auf eine Webseite, wähle "Untersuchen" (oder "Inspect") und klicke dann auf den Tab "Konsole".
- **Safari:** Möglicherweise musst du zuerst das Entwicklermenü aktivieren (Einstellungen > Erweitert > Menü "Entwickler" in der Menüleiste anzeigen). Drücke dann Option + Command + C oder gehe zu Entwickler > JavaScript-Konsole anzeigen.

Sobald die Konsole geöffnet ist, siehst du eine Eingabeaufforderung, normalerweise mit einem >-Symbol gekennzeichnet. Versuche, diesen Befehl einzugeben und Enter zu drücken:

```
console.log("Hallo aus der Konsole!");
```

Du solltest den Text "Hallo aus der Konsole!" in der nächsten Zeile gedruckt sehen.

```
> console.log("Hallo aus der Konsole!");
Hallo aus der Konsole!
undefined
```

(Mach dir vorerst keine Sorgen über das undefined, *das möglicherweise nach deiner Ausgabe erscheint; es ist der Rückgabewert von* console.log, *den wir später besprechen werden.)*

Die Konsole eignet sich hervorragend für schnelle Tests, das Experimentieren mit kleinen Code-Schnipseln und das Debuggen.

Einen Code-Editor auswählen

Während die Konsole für einfache Befehle großartig ist, wirst du größere Programme in separaten Dateien schreiben. Du *könntest* einen einfachen Texteditor wie Notepad (Windows) oder TextEdit (Mac) verwenden, aber ein dedizierter **Code-Editor** wird dein Leben erheblich erleichtern.

Code-Editoren bieten Funktionen, die speziell für das Programmieren entwickelt wurden, wie z. B.:

- **Syntaxhervorhebung (Syntax Highlighting):** Macht Code leichter lesbar, indem verschiedene Teile (Schlüsselwörter, Variablen, Strings) farbig dargestellt werden.
- **Autovervollständigung (Auto-Completion):** Schlägt Code während der Eingabe vor, spart Zeit und reduziert Tippfehler.

- **Fehlerhervorhebung (Error Highlighting):** Weist auf potenzielle Syntaxfehler hin, bevor du den Code überhaupt ausführst.
- **Dateiverwaltung (File Management):** Hilft bei der Organisation von Projekten mit mehreren Dateien.
- **Integrierte Terminals:** Viele erlauben es, Befehle direkt im Editor auszuführen.

Beliebte kostenlose Code-Editoren sind:

- **Visual Studio Code (VS Code):** Extrem beliebt, funktionsreich und erweiterbar. Eine großartige Wahl für Anfänger und Profis gleichermaßen.
- **Sublime Text:** Leichtgewichtig, schnell und hochgradig anpassbar.
- **Atom:** Ein weiterer Open-Source-Editor, der von GitHub entwickelt wurde.

Lade einen davon herunter und installiere ihn. Wir empfehlen **VS Code** wegen seiner hervorragenden JavaScript-Unterstützung von Haus aus. Verbringe ein wenig Zeit damit, seine Oberfläche zu erkunden.

JavaScript mit Node.js ausführen (Ein kurzer Blick)

Wie wir besprochen haben, ist JavaScript nicht auf den Browser beschränkt. **Node.js** ist eine Laufzeitumgebung, die es dir ermöglicht, JavaScript-Code *außerhalb* eines Webbrowsers auszuführen, typischerweise auf einem Server oder deinem lokalen Rechner.

Brauchst du Node.js jetzt sofort? Nein. Für die ersten Kapitel, die sich auf die Browser-Interaktion (DOM-Manipulation, Ereignisse) konzentrieren, benötigst du nur einen Browser und einen Code-Editor.

Node.js ist jedoch unerlässlich für die serverseitige Entwicklung und wird oft für Tooling (wie das Ausführen von Build-Prozessen oder die Installation von Projektabhängigkeiten) in modernen Front-End-Workflows verwendet. Wir werden Node.js viel später im Buch (Kapitel 19) genauer untersuchen, aber es ist gut zu wissen, dass es existiert.

Wenn du *neugierig bist*, kannst du es von der offiziellen Node.js-Website herunterladen und installieren. Die Installation beinhaltet normalerweise **npm** (Node Package Manager), ein Werkzeug zur Verwaltung wiederverwendbarer Code-Pakete, das ebenfalls grundlegend für das moderne JavaScript-Ökosystem ist. Einmal installiert, könntest du eine JavaScript-Datei (z. B. `hallo.js`) speichern und sie vom Terminal deines Computers wie folgt ausführen:

```
node hallo.js
```

Nochmal, **dies ist vorerst optional**. Bleibe für die kommenden Kapitel bei der Browserkonsole und dem Code-Editor.

Dein erster JavaScript-Code

Lass uns über die Konsole hinausgehen und Code in einer Datei schreiben, so wie du echte Anwendungen erstellen wirst.

1. **Projektordner erstellen:** Erstelle einen neuen Ordner auf deinem Computer, z. B. js-grundlagen.

2. **HTML-Datei erstellen:** Erstelle innerhalb von js-grundlagen mit deinem Code-Editor eine neue Datei namens index.html. Füge die folgende grundlegende HTML-Struktur ein:

```html
<!DOCTYPE html>
<html lang="de">
<head>
    <meta charset="UTF-8">
    <meta name="viewport" content="width=device-width, initial-scale=1.0">
    <title>Meine erste JavaScript-Seite</title>
</head>
<body>
    <h1>JavaScript lernen!</h1>

    <!-- Die Magie passiert hier -->
    <script src="app.js"></script>
</body>
</html>
```

- <!DOCTYPE html>: Deklariert den Dokumenttyp.
- <html>: Das Wurzelelement.
- <head>: Enthält Metainformationen (Zeichensatz, Viewport-Einstellungen, Titel). Der Browser liest dies, aber es wird nicht direkt angezeigt.
- <body>: Enthält den sichtbaren Seiteninhalt (Überschriften, Absätze, Bilder und unser Skript!).
- <script src="app.js"></script>: Dies ist das entscheidende Tag. Es weist den Browser an, den JavaScript-Code aus der Datei app.js

7

abzurufen und auszuführen. Wir platzieren es kurz vor dem schließenden `</body>`-Tag. Dies ist üblich, da es sicherstellt, dass die HTML-Elemente (wie das `<h1>`) existieren, *bevor* das Skript versucht, mit ihnen zu interagieren.

3. **JavaScript-Datei erstellen:** Erstelle im *selben* Ordner js-grundlagen eine weitere Datei namens `app.js`. Hier wird dein JavaScript-Code leben.

4. **JavaScript schreiben:** Füge die folgende Zeile zu `app.js` hinzu:

```
console.log("Hallo aus der app.js-Datei!");

// Du kannst hier später weitere Befehle hinzufügen
```

   - `console.log()` ist eine eingebaute Funktion, die verwendet wird, um Nachrichten in der Entwicklerkonsole des Browsers anzuzeigen. Sie ist unglaublich nützlich, um Werte zu überprüfen und zu verstehen, was dein Code tut.

5. **HTML-Datei öffnen:** Finde die Datei `index.html` im Datei-Explorer deines Computers und doppelklicke darauf. Sie sollte sich in deinem Standard-Webbrowser öffnen.

6. **Konsole überprüfen:** Du wirst die Überschrift "JavaScript lernen!" auf der Seite sehen. Öffne nun die Entwicklerkonsole des Browsers (mit `F12` oder den zuvor beschriebenen Methoden). Du solltest die Nachricht sehen:

```
Hallo aus der app.js-Datei!
```

Du hast erfolgreich deine erste externe JavaScript-Datei verknüpft und ausgeführt. Du hast deinen ersten echten Schritt in die Programmierung mit JavaScript gemacht.

Kapitelzusammenfassung

Dieses Kapitel gab dir einen Überblick über JavaScript: was es ist, seine Geschichte, warum es relevant ist und die grundlegenden Werkzeuge, die du benötigst. Wir haben die Browserkonsole für schnelle Tests erkundet und eine minimale HTML- und JavaScript-Dateistruktur eingerichtet, wobei wir unseren allerersten Befehl geschrieben und ausgeführt haben. Du hast gesehen, dass JavaScript der Motor ist, der die Interaktivität im Web und darüber hinaus antreibt.

Nachdem du nun mit JavaScript vertraut bist und deine Umgebung eingerichtet hast, sind wir bereit, uns mit den Kernkomponenten der Sprache selbst zu befassen. Im nächsten Kapitel werden wir die grundlegenden Bausteine untersuchen: wie JavaScript verschiedene Arten von Informationen darstellt (Werte und Datentypen), wie wir diese Informationen mit Bezeichnern speichern (Variablen) und wie wir erläuternde Notizen in unserem Code hinterlassen (Kommentare).

2

Die Bausteine

Im vorigen Kapitel haben wir uns mit JavaScript vertraut gemacht, seinen Zweck verstanden und unsere Codierumgebung eingerichtet. Jetzt ist es an der Zeit, die Ärmel hochzukrempeln und die grundlegende Grammatik und das Vokabular der Sprache zu lernen. Genauso wie das Erlernen einer gesprochenen Sprache das Verständnis von Substantiven, Verben und Satzstruktur erfordert, beinhaltet das Erlernen von JavaScript das Erfassen seiner Kernkomponenten: wie es Informationen darstellt, wie wir diese Informationen benennen und speichern und wie wir Notizen in unserem Code hinterlassen können. Dieses Kapitel legt den Grundstein für alles Folgende und führt dich in Anweisungen, Kommentare, Variablen und die grundlegenden Datentypen ein, die das Fundament jedes JavaScript-Programms bilden.

JavaScript-Anweisungen

Stell dir ein JavaScript-Programm als eine Reihe von Anweisungen an den Computer vor, ähnlich wie ein Rezept Schritte zum Backen eines Kuchens vorgibt. Jede einzelne Anweisung oder jeder Schritt in JavaScript wird als **Anweisung** (Statement) bezeichnet. Anweisungen weisen den Computer an, eine bestimmte Aktion auszuführen.

Betrachten wir den Code, den wir im letzten Kapitel geschrieben haben:

```
console.log("Hallo aus der app.js-Datei!");
```

Diese gesamte Zeile ist eine einzelne JavaScript-Anweisung. Ihre Aktion besteht darin, eine Nachricht in der Konsole zu protokollieren. Die meisten Anweisungen in JavaScript enden mit einem Semikolon (;). Obwohl JavaScript Regeln zur automatischen Einfügung von Semikolons in einigen Fällen hat (eine Funktion namens Automatic Semicolon Insertion oder ASI), gilt es allgemein als gute Praxis, insbesondere für Anfänger, **jede Anweisung explizit mit einem Semikolon zu beenden**. Dies macht deinen Code klarer und verhindert potenzielle Mehrdeutigkeiten.

Du kannst mehrere Anweisungen haben, die normalerweise zur besseren Lesbarkeit in separaten Zeilen geschrieben werden:

```
console.log("Erste Anweisung.");
console.log("Zweite Anweisung.");
// *Dieser Code protokolliert zwei separate Nachrichten in der Konsole.*
```

Mit uns selbst sprechen

Wenn deine Programme komplexer werden, wirst du es hilfreich finden, Notizen in deinem Code zu hinterlassen. Diese Notizen, **Kommentare** genannt, werden von der JavaScript-Engine ignoriert; sie existieren ausschließlich für menschliche Leser (einschließlich deines zukünftigen Ichs!). Kommentare helfen zu erklären, *warum* du einen Codeabschnitt auf eine bestimmte Weise geschrieben hast, komplexe Logik zu verdeutlichen oder Codezeilen vorübergehend zu deaktivieren, ohne sie zu löschen.

JavaScript bietet zwei Hauptmöglichkeiten, Kommentare zu schreiben:

Einzeilige Kommentare

Ein einzeiliger Kommentar beginnt mit zwei Schrägstrichen (//) und erstreckt sich bis zum Ende dieser Zeile. Alles nach dem // in dieser Zeile wird ignoriert.

```
// *Diese ganze Zeile ist ein Kommentar.*

console.log("Hallo!"); // *Dieser Kommentar erklärt den Code.*

// console.log("Diese Zeile ist auskommentiert, sie wird nicht ausgeführt.");
```

Mehrzeilige Kommentare

Für längere Erklärungen oder das Auskommentieren mehrerer Zeilen auf einmal kannst du mehrzeilige Kommentare verwenden. Diese beginnen mit /* und enden mit */. Alles zwischen diesen Markierungen wird als Kommentar behandelt.

```
/*
    Dies ist ein mehrzeiliger Kommentar.
    Er kann sich über mehrere Zeilen erstrecken und ist nützlich
    für detailliertere Erklärungen oder das vorübergehende
    Deaktivieren eines größeren Codeblocks.
*/

console.log("Dieser Code wird ausgeführt.");

/*
console.log("Diese Zeile wird nicht ausgeführt.");
console.log("Diese auch nicht.");
*/

console.log("Dieser Code wird ebenfalls ausgeführt.");
```

Verwende Kommentare mit Bedacht. Kommentiere nicht übermäßig offensichtlichen Code, aber erkläre die Gründe für komplexe oder potenziell verwirrende Teile. Gute Kommentare machen deinen Code wesentlich leichter verständlich und wartbar.

Informationen speichern

Stell dir vor, du organisierst deine Speisekammer. Du stapelst nicht einfach alles zufällig; du packst Dinge in Behälter (Gläser, Schachteln, Tüten) und beschriftest diese Behälter vielleicht sogar ("Mehl", "Zucker", "Kaffeebohnen"). Variablen in JavaScript dienen einem ähnlichen Zweck: Sie sind **benannte Container zum Speichern von Datenwerten.** Anstatt denselben Wert wiederholt zu schreiben, kannst du ihn in einer Variable speichern und dich über ihren Namen darauf beziehen.

Warum Variablen verwenden?

- **Wiederverwendbarkeit:** Speichere einen Wert einmal und verwende ihn mehrmals.
- **Lesbarkeit:** Gib Daten beschreibende Namen (z. B. benutzerName statt nur "Alice").

- **Wartbarkeit:** Wenn sich ein Wert ändern muss, musst du ihn nur an einer Stelle aktualisieren (wo die Variable definiert ist).

Variablen deklarieren

Bevor du eine Variable verwenden kannst, musst du sie *deklarieren*, also im Grunde den beschrifteten Container erstellen. JavaScript bietet drei Schlüsselwörter zum Deklarieren von Variablen: let, const und var.

1. let: Eingeführt im modernen JavaScript (ES6), erlaubt let die Deklaration von Variablen, deren Werte später **neu zugewiesen werden können**. Mit let deklarierte Variablen sind auch **block-gültig** (block-scoped), was bedeutet, dass sie typischerweise nur innerhalb des Codeblocks (wie innerhalb einer if-Anweisung oder einer Schleife, gekennzeichnet durch geschweifte Klammern {}) zugänglich sind, in dem sie definiert werden. Wir werden den Gültigkeits-bereich (Scope) in Kapitel 9 ausführlich untersuchen.

```
let nachricht; // *Deklariere eine Variable namens 'nachricht'*
nachricht = "Hallo, JavaScript-Lernende!"; // *Weise einen Wert zu*
console.log(nachricht); // *Ausgabe: Hallo, JavaScript-Lernende!*

nachricht = "Zeit, Variablen zu lernen!"; // *Weise einen neuen Wert zu*
console.log(nachricht); // *Ausgabe: Zeit, Variablen zu lernen!*

let benutzerAnzahl = 10; // *Deklariere und weise in einem Schritt zu*
benutzerAnzahl = benutzerAnzahl + 1; // *Erhöhe die Anzahl*
console.log(benutzerAnzahl); // *Ausgabe: 11*
```

2. const: Ebenfalls in ES6 eingeführt, wird const verwendet, um Variablen zu deklarieren, deren Werte **nicht neu zugewiesen werden können**, nachdem sie initial gesetzt wurden. Diese werden oft als "Konstanten" bezeichnet. Wie let-Variablen sind auch const-Variablen **block-gültig**. Du **musst** einer const-Variable bei der Deklaration einen Wert zuweisen.

```
const geburtsjahr = 1995; // *Deklariere und weise eine Konstante zu*
console.log(geburtsjahr); // *Ausgabe: 1995*

// *Die folgende Zeile würde einen Fehler verursachen:*
// geburtsjahr = 1996; // *TypeError: Assignment to constant variable.*

// *Du musst eine const initialisieren:*
// const apiSchluessel; // *SyntaxError: Missing initializer in const
declaration.*
```

Wichtiger Hinweis: const macht den *Wert selbst* nicht unveränderlich, insbesondere bei Objekten und Arrays (die wir in Kapitel 6 und 7 sehen werden). Es verhindert nur, dass die Variable neu zugewiesen wird, um auf einen *anderen* Wert zu zeigen.

3. var: Dies war die ursprüngliche Art, Variablen in JavaScript vor ES6 zu deklarieren. Mit var deklarierte Variablen haben **Funktions-Gültigkeitsbereich** (function scope) oder **globalen Gültigkeitsbereich** (global scope) (auch hierzu mehr in Kapitel 9) und **können neu zugewiesen werden**. Allerdings hat var einige Eigenheiten im Zusammenhang mit Hoisting (behandelt in Kapitel 9) und dem Gültigkeitsbereich, die zu Verwirrung und Fehlern führen können.

```
var punktzahl = 100;
punktzahl = 150; // *Neuzuweisung ist erlaubt*
console.log(punktzahl); // *Ausgabe: 150*
```

Empfehlung: Im modernen JavaScript solltest du generell **standardmäßig** const **bevorzugen**. Verwende const, wann immer du weißt, dass sich die Zuweisung einer Variable nicht ändern muss. Wenn du *weißt*, dass du die Variable später neu zuweisen musst, verwende let. **Vermeide die Verwendung von** var in neuem Code, es sei denn, du hast einen spezifischen Grund im Zusammenhang mit älteren Umgebungen oder Legacy-Codebasen. Die Verwendung von let und const führt zu klarerem, vorhersagbarerem Code.

Namenskonventionen

Die Wahl guter Namen für deine Variablen macht deinen Code wesentlich leichter lesbar und verständlich. Befolge diese Konventionen und Regeln:

- **Beginnen mit:** Einem Buchstaben (a-z, A-Z), einem Unterstrich (_) oder einem Dollarzeichen ($). Darf nicht mit einer Zahl beginnen.
- **Dürfen enthalten:** Buchstaben, Zahlen, Unterstriche oder Dollarzeichen.
- **Groß-/Kleinschreibung beachten (Case-sensitive):** meineVariable ist anders als meinevariable und MeineVariable.
- **Reservierte Wörter:** Du kannst keine reservierten Schlüsselwörter von JavaScript (wie let, const, var, function, if, for, etc.) als Variablennamen verwenden.
- **Konvention (camelCase):** Für mehrteilige Variablennamen ist die Standardkonvention in JavaScript **camelCase**. Beginne mit einem Kleinbuchstaben

und schreibe den ersten Buchstaben jedes nachfolgenden Wortes groß (z. B. benutzerName, gesamtBetrag, istBenutzerAngemeldet).

- **Sei beschreibend:** Wähle Namen, die den Zweck der Variable klar angeben (z. B. vorname statt vn, artikelImWarenkorb statt aiw).

```
// *Gute Variablennamen:*
let vorname = "Alice";
const artikelImWarenkorb = 3;
let istVerarbeitungAbgeschlossen = false;
let $element = /* ... */; // *Oft für DOM-Elemente verwendet*
let _internerWert = /* ... */; // *Oft für "private" Daten verwendet*

// *Schlechte Variablennamen (vermeiden):*
// let 1Platz = "Gold";       // *Darf nicht mit einer Zahl beginnen*
// let benutzer name = "Bob"; // *Darf keine Leerzeichen enthalten*
// let let = "oops";          // *Darf keine reservierten Wörter verwenden*
// let x = 100;               // *Nicht beschreibend*
```

Primitive Datentypen

Variablen können verschiedene Arten von Daten enthalten. In JavaScript werden die grundlegendsten Datenarten als **primitive Datentypen** (oder Primitive) bezeichnet. Stell sie dir als die fundamentalen Atome der Information vor. JavaScript hat mehrere primitive Typen:

Strings (Zeichenketten)

Strings repräsentieren textuelle Daten. Du erstellst Strings, indem du Text entweder in einfache Anführungszeichen ('...'), doppelte Anführungszeichen ("...") oder Backticks (`...`) einschließt.

```
let begruessung = "Hallo, Welt!";
let nachricht = 'JavaScript macht Spaß.';
let antwort = `Ja, das tut es!`; // *Backticks erlauben auch mehrzeilige
Strings*

console.log(begruessung); // *Ausgabe: Hallo, Welt!*
console.log(nachricht);  // *Ausgabe: JavaScript macht Spaß.*
```

Du kannst Strings mit dem +-Operator kombinieren (Konkatenation):

```
let vorname = "Ada";
let nachname = "Lovelace";
let vollerName = vorname + " " + nachname; // *Füge ein Leerzeichen dazwischen
ein*
console.log(vollerName); // *Ausgabe: Ada Lovelace*
```

Backticks ermöglichen auch **Template-Literale**, eine leistungsstarke Funktion, mit der du Ausdrücke (wie Variablenwerte) direkt in den String einbetten kannst. Wir werden diese in Kapitel 18 genauer behandeln.

```
let stadt = "London";
let info = `Ich lebe in ${stadt}.`; // *Variable eingebettet mit ${}*
console.log(info); // *Ausgabe: Ich lebe in London.*
```

Numbers (Zahlen)

Der number-Typ repräsentiert numerische Daten, einschließlich Ganzzahlen (Integers) und Fließkommazahlen (Dezimalzahlen).

```
let alter = 30;
let preis = 19.99;
let temperatur = -5;
let menge = 10;
let gesamtkosten = preis * menge; // *Grundlegende Berechnung*

console.log(alter);        // *Ausgabe: 30*
console.log(preis);        // *Ausgabe: 19.99*
console.log(gesamtkosten); // *Ausgabe: 199.9*
```

JavaScript-Zahlen können auch einige spezielle Werte darstellen:

- Infinity und -Infinity: Repräsentieren mathematische Unendlichkeit.
- NaN: Steht für "Not a Number" (Keine Zahl). Es resultiert typischerweise aus ungültigen mathematischen Operationen, wie der Division durch Null oder dem Versuch, mit einem nicht-numerischen String zu rechnen.

```
console.log(1 / 0);       // *Ausgabe: Infinity*
console.log("hallo" * 3); // *Ausgabe: NaN*
```

Wir werden mathematische Operationen in Kapitel 3 weiter untersuchen.

Booleans (Boolesche Werte)

Booleans repräsentieren logische Werte und können nur einen von zwei Zuständen annehmen: `true` (wahr) oder `false` (falsch). Sie sind unerlässlich, um Entscheidungen in deinem Code zu treffen, wie wir in Kapitel 4 (Bedingungsanweisungen) sehen werden.

```
let istAngemeldet = true;
let hatBerechtigung = false;
let istAbgeschlossen = 10 > 5; // *Vergleich ergibt einen Boolean*

console.log(istAngemeldet); // *Ausgabe: true*
console.log(hatBerechtigung); // *Ausgabe: false*
console.log(istAbgeschlossen); // *Ausgabe: true*
```

Null und Undefined

Diese beiden Typen scheinen ähnlich, repräsentieren aber unterschiedliche Arten von "Leere" oder "Abwesenheit".

- `undefined`: Bedeutet typischerweise, dass eine Variable deklariert, aber **noch kein Wert zugewiesen** wurde. Es ist der Standardwert für nicht initialisierte Variablen, Funktionsparameter, die du nicht angibst, oder Objekteigenschaften, die nicht existieren.

  ```
  let benutzerEmail;
  console.log(benutzerEmail); // *Ausgabe: undefined*
  ```

- `null`: Repräsentiert die **absichtliche Abwesenheit jeglichen Objektwertes**. Es ist ein Wert, den du, der Programmierer, explizit zuweist, um anzuzeigen, dass eine Variable im Moment *keinen* Wert haben soll.

  ```
  let ausgewaehltesProdukt = null; // *Explizit auf 'kein Produkt
  ausgewählt' gesetzt*
  console.log(ausgewaehltesProdukt); // *Ausgabe: null*
  ```

Stell dir `undefined` als "noch keinen Wert gesetzt" und `null` als "aktiv auf keinen Wert gesetzt" vor.

Symbols und BigInts (Kurze Erwähnung)

Modernes JavaScript führte zwei weitere primitive Typen ein:

- **Symbol:** Wird verwendet, um eindeutige Bezeichner zu erstellen, oft für Objekteigenschaften, um Namenskollisionen zu vermeiden.
- **BigInt:** Wird verwendet, um Ganzzahlen darzustellen, die größer sind als der maximale sichere Ganzzahlwert, den der Standard-number-Typ zuverlässig handhaben kann.

Dies sind fortgeschrittenere Typen, und du wirst sie wahrscheinlich nicht benötigen, wenn du gerade erst anfängst. Wir konzentrieren uns vorerst auf Strings, Numbers, Booleans, Null und Undefined.

Typen prüfen mit `typeof`

Manchmal musst du wissen, welchen Datentyp eine Variable enthält. JavaScript bietet dafür den typeof-Operator. Er gibt einen String zurück, der den Typ des Operanden (des Wertes oder der Variable, die du ihm übergibst) angibt.

```
let name = "Gandalf";
let stufe = 99;
let istZauberer = true;
let inventar = null;
let quest; // *undefined*

console.log(typeof name);       // *Ausgabe: "string"*
console.log(typeof stufe);      // *Ausgabe: "number"*
console.log(typeof istZauberer);  // *Ausgabe: "boolean"*
console.log(typeof quest);      // *Ausgabe: "undefined"*

// *Eine bekannte Eigenart von JavaScript:*
console.log(typeof inventar); // *Ausgabe: "object" (nicht "null")*

console.log(typeof NaN);        // *Ausgabe: "number"*
console.log(typeof Symbol('id')); // *Ausgabe: "symbol"*
console.log(typeof 100n);       // *Ausgabe: "bigint"*
```

Beachte das seltsame Ergebnis für typeof null. Aus historischen Gründen gibt typeof null "object" zurück. Dies ist ein langjähriger Fehler, der nicht einfach behoben werden kann, ohne bestehenden Webcode zu zerstören, daher musst du dich einfach an diese Ausnahme erinnern.

Ein Hinweis zur Typumwandlung (Type Coercion)

JavaScript ist als **dynamisch typisierte** Sprache bekannt. Das bedeutet, dass du den *Typ* einer Variable nicht explizit deklarieren musst, wenn du sie erstellst (wie du es vielleicht in einigen anderen Sprachen tun müsstest). JavaScript ermittelt den Typ automatisch basierend auf dem Wert, den du zuweist.

Darüber hinaus versucht JavaScript manchmal, "hilfreich" zu sein, indem es Werte in bestimmten Situationen automatisch von einem Typ in einen anderen umwandelt. Dies wird **Typumwandlung** (Type Coercion) oder Typkonvertierung genannt.

Zum Beispiel:

```
let ergebnis = "Die Antwort ist: " + 42;
console.log(ergebnis); // *Ausgabe: "Die Antwort ist: 42"*
// *JavaScript hat die Zahl 42 in den String "42" umgewandelt, um die
Konkatenation durchzuführen.*

let berechnung = "5" * 3;
console.log(berechnung); // *Ausgabe: 15*
// *Hier hat JavaScript den String "5" in die Zahl 5 für die Multiplikation
umgewandelt.*

let knifflig = "5" + 3;
console.log(knifflig); // *Ausgabe: "53"*
// *Aber bei +, wenn ein Operand ein String ist, bevorzugt es die Konkatenation!
*
```

Obwohl manchmal praktisch, kann implizite Typumwandlung auch zu unerwarteten Ergebnissen und subtilen Fehlern führen, wenn du nicht vorsichtig bist. Wir werden die Typumwandlung und wie man explizite Typkonvertierungen durchführt, später im Buch genauer untersuchen. Sei dir vorerst nur bewusst, dass sie stattfindet.

Kapitelzusammenfassung

In diesem Kapitel haben wir die wesentlichen Bausteine von JavaScript entschlüsselt. Wir haben gelernt, dass Programme aus Sequenzen von **Anweisungen** bestehen, die oft mit Semikolons enden. Wir haben gesehen, wie man **Kommentare** (// und /* */) verwendet, um Erklärungen zu unserem Code hinzuzufügen. Das Kernkonzept von **Variablen** (let, const, var) als benannte Container für Daten wurde eingeführt, zusammen mit Best Practices für ihre Benennung (camelCase) und der Empfehlung, const und let gegenüber var zu bevorzugen. Anschließend haben wir die fundamentalen **primitiven Datentypen** erkundet: string, number, boolean, null und undefined. Schließlich haben wir gelernt, wie man den Typ eines Wertes mit dem typeof-Operator überprüft und einen ersten Einblick in die automatische Typumwandlung von JavaScript erhalten.

Du verstehst jetzt, wie man Informationen deklariert und ihnen Bezeichnungen gibt. Aber nur Daten zu speichern reicht nicht aus; wir müssen Dinge damit *tun*! Im nächsten Kapitel werden wir uns mit **Operatoren** befassen – den Symbolen, die es uns ermöglichen, Berechnungen durchzuführen, Werte zu vergleichen, Daten zuzuweisen und logische Bedingungen zu kombinieren, um unsere Variablen und Werte wirklich zum Leben zu erwecken.

3

Operatoren

Im letzten Kapitel haben wir gelernt, wie man verschiedene Arten von Informationen mithilfe von Variablen und primitiven Datentypen wie Strings, Zahlen und Booleans speichert. Das ist wie das Sammeln von Zutaten für ein Rezept. Aber Zutaten allein machen noch kein Gericht; du brauchst Aktionen – Mischen, Erhitzen, Schneiden. Ähnlich ist es in JavaScript, nur Daten zu haben, reicht nicht aus. Wir brauchen Möglichkeiten, mit diesen Daten zu arbeiten, Berechnungen durchzuführen, Vergleiche anzustellen und Bedingungen zu kombinieren. Hier kommen **Operatoren** ins Spiel. Stell dir Operatoren als die Aktionssymbole in JavaScript vor; sie nehmen unsere Variablen und Werte (Operanden genannt) und führen spezifische Operationen damit aus, um ein Ergebnis zu erzeugen. Dieses Kapitel stellt die wesentlichen Operatoren vor, die du ständig verwenden wirst, um deinen Code zum Leben zu erwecken.

Arithmetische Operatoren

Beginnen wir mit der bekanntesten Gruppe: arithmetischen Operatoren. Diese führen standardmäßige mathematische Berechnungen mit Zahlenwerten durch.

Operator	Name	Beschreibung	Beispiel	Ergebnis
+	Addition	Addiert zwei Zahlen	5 + 3	8
−	Subtraktion	Subtrahiert die zweite Zahl von der ersten	10 − 4	6
*	Multiplikation	Multipliziert zwei Zahlen	6 * 7	42

Operator	Name	Beschreibung	Beispiel	Ergebnis
/	Division	Dividiert die erste Zahl durch die zweite	20 / 5	4
%	Restwert (Modulo)	Gibt den Rest einer Division zurück	10 % 3	1
**	Potenzierung	Potenziert die erste Zahl mit der zweiten	2 ** 4	16
++	Inkrement	Erhöht eine Zahlenvariable um 1	let a = 5; a++;	a wird 6
--	Dekrement	Verringert eine Zahlenvariable um 1	let b = 9; b--;	b wird 8

```
let aepfel = 12;
let orangen = 8;

let obstGesamt = aepfel + orangen; // *Addition*
console.log(obstGesamt); // *Ausgabe: 20*

let differenz = aepfel - orangen; // *Subtraktion*
console.log(differenz); // *Ausgabe: 4*

let kostenProApfel = 0.5;
let gesamtkosten = aepfel * kostenProApfel; // *Multiplikation*
console.log(gesamtkosten); // *Ausgabe: 6*

let aepfelProPerson = aepfel / 4; // *Division*
console.log(aepfelProPerson); // *Ausgabe: 3*

// Der Restwert-Operator (%) gibt den Rest einer Division zurück.
let elemente = 10;
let gruppenGroesse = 3;
let verbleibendeElemente = elemente % gruppenGroesse;
console.log(verbleibendeElemente); // *Ausgabe: 1 (10 geteilt durch 3 ist 3,
Rest 1)*

let zweierpotenz = 2 ** 5; // *Potenzierung (2*2*2*2*2)*
console.log(zweierpotenz); // *Ausgabe: 32*

// *Inkrement und Dekrement*
let punktzahl = 100;
punktzahl++; // *Inkrement: punktzahl wird 101*
console.log(punktzahl); // *Ausgabe: 101*

let leben = 3;
leben--; // *Dekrement: leben wird 2*
console.log(leben); // *Ausgabe: 2*
```

Ein Hinweis zu Inkrement/Dekrement: ++ und -- können *vor* (Präfix: ++punktzahl) oder *nach* (Postfix: punktzahl++) der Variable platziert werden. Obwohl beide die Variable inkrementieren/dekrementieren, unterscheiden sie sich im Wert, den sie in dem Ausdruck *zurückgeben*, in dem sie verwendet werden. Postfix gibt den ursprünglichen Wert zurück, *bevor* er geändert wird, während Präfix den *neuen* Wert zurückgibt. Zur Vereinfachung ist es jetzt am besten, sie in einer eigenen Zeile zu verwenden (wie punktzahl++;), um diese Komplexität zu vermeiden.

Operatorrangfolge: Genau wie in der normalen Mathematik haben JavaScript-Operatoren eine Rangfolge (Precedence). Multiplikation (*), Division (/) und Restwert (%) werden vor Addition (+) und Subtraktion (-) ausgeführt. Potenzierung (**) hat oft eine noch höhere Priorität.

```
let ergebnis = 3 + 4 * 5; // *Multiplikation zuerst (4 * 5 = 20)*
console.log(ergebnis);    // *Ausgabe: 23 (nicht 35)*
```

Wenn du die Standardrangfolge überschreiben möchtest, verwende Klammern (). Operationen innerhalb von Klammern werden immer zuerst ausgewertet.

```
let ergebnisMitKlammern = (3 + 4) * 5; // *Addition zuerst (3 + 4 = 7)*
console.log(ergebnisMitKlammern);       // *Ausgabe: 35*
```

Zuweisungsoperatoren

Wir haben bereits den grundlegendsten Zuweisungsoperator verwendet: das einzelne Gleichheitszeichen (=). Es weist den Wert auf seiner rechten Seite der Variable auf seiner linken Seite zu.

```
let aktuelleStufe = 1; // *Weist 1 der Variable aktuelleStufe zu*
let spielerName = "Link"; // *Weist "Link" der Variable spielerName zu*
```

JavaScript bietet auch **zusammengesetzte Zuweisungsoperatoren**, die eine arithmetische Operation mit einer Zuweisung kombinieren, um Code prägnanter zu gestalten.

Operator	Beispiel	Entspricht
+=	x += y	x = x + y
-=	x -= y	x = x - y
*=	x *= y	x = x * y

/=	x /= y	x = x / y
%=	x %= y	x = x % y
**=	x **= y	x = x ** y

```
let aktuellePunktzahl = 50;
let erhaltenePunkte = 25;

aktuellePunktzahl += erhaltenePunkte; // *Entspricht: aktuellePunktzahl =
aktuellePunktzahl + erhaltenePunkte;*
console.log(aktuellePunktzahl); // *Ausgabe: 75*

let treibstoff = 100;
let verbrauchterTreibstoff = 15;

treibstoff -= verbrauchterTreibstoff; // *Entspricht: treibstoff = treibstoff -
verbrauchterTreibstoff;*
console.log(treibstoff); // *Ausgabe: 85*

let menge = 5;
menge *= 2; // *Entspricht: menge = menge * 2;*
console.log(menge); // *Ausgabe: 10*
```

Diese Kurzoperatoren machen gängige Operationen wie das Aktualisieren von Zählern oder Summen sauberer und leichter lesbar.

Vergleichsoperatoren

Oft müssen wir Werte vergleichen, um Entscheidungen in unserem Code zu treffen. Vergleichsoperatoren werten zwei Operanden aus und geben einen booleschen Wert zurück: true oder false.

Operator	Name	Beschreibung	Beispiel (x=5)	Ergebnis
==	Gleich (lose)	Prüft, ob Werte gleich sind (führt Typumwandlung durch)	x == 8	0
			x == 5	1
			x == "5"	1
===	Strikt Gleich	Prüft, ob Werte UND Typen gleich sind (keine Umwandlung)	x === 5	1
			x === "5"	0
!=	Ungleich (lose)	Prüft, ob Werte ungleich sind (mit Umwandlung)	x != 8	1

Operator	Name	Beschreibung	Beispiel (x=5)	Ergebnis
			x != "5"	0
!==	Strikt Ungleich	Prüft, ob Werte ODER Typen ungleich sind	x !== 5	0
			x !== "5"	1
			x !== 8	1
>	Größer als		x > 8	0
<	Kleiner als		x < 8	1
>=	Größer als oder Gleich		x >= 8	0
			x >= 5	1
<=	Kleiner als oder Gleich		x <= 8	1

```
let benutzerAlter = 25;
let wahlalter = 18;

console.log(benutzerAlter > wahlalter); // *Ausgabe: true*
console.log(benutzerAlter === wahlalter); // *Ausgabe: false*
console.log(benutzerAlter !== wahlalter); // *Ausgabe: true*

let artikelPreis = 50;
let budget = 50;
console.log(artikelPreis <= budget); // *Ausgabe: true*
```

Lose Gleichheit (==) vs. Strikte Gleichheit (===)

Dies ist eine entscheidende Unterscheidung in JavaScript!

- **Lose Gleichheit (==)**: Versucht, Werte zu vergleichen, *nachdem* versucht wurde, sie in einen gemeinsamen Typ umzuwandeln (Typumwandlung). Dies kann zu unerwarteten Ergebnissen führen.
- **Strikte Gleichheit (===)**: Vergleicht sowohl den Wert *als auch* den Datentyp. Es führt **keine** Typumwandlung durch. Wenn die Typen unterschiedlich sind, gibt es sofort false zurück.

```
console.log(5 == "5");   // *Ausgabe: true (String "5" wird zur Zahl 5
umgewandelt)*
console.log(5 === "5");  // *Ausgabe: false (Typ Number ist anders als Typ
String)*
```

```
console.log(0 == false); // *Ausgabe: true (false wird zu 0 umgewandelt)*
console.log(0 === false);// *Ausgabe: false (Typ Number ist anders als Typ
Boolean)*

console.log(null == undefined); // *Ausgabe: true (Ein Sonderfall für lose
Gleichheit)*
console.log(null === undefined);// *Ausgabe: false (Unterschiedliche Typen)*
```

Best Practice: Verwende fast immer strikte Gleichheit (===) und strikte Ungleichheit (!==). Dies macht deinen Code vorhersagbarer und vermeidet Fehler durch unbeabsichtigte Typumwandlung. Verwende lose Gleichheit (==) nur, wenn du einen sehr spezifischen Grund hast, die Typumwandlung in einem Vergleich zuzulassen.

Logische Operatoren

Logische Operatoren arbeiten hauptsächlich mit booleschen Werten (true oder false) und werden verwendet, um mehrere Bedingungen zu kombinieren oder eine einzelne Bedingung zu invertieren. Sie sind fundamental für den Aufbau der Entscheidungslogik, die wir in Kapitel 4 sehen werden.

1. **Logisches UND (&&):** Gibt true nur zurück, wenn **beide** Operanden true sind. Andernfalls gibt es false zurück.

   ```
   let angemeldet = true;
   let hatAdminRechte = false;
   let kannAufRessourceZugreifen = angemeldet && hatAdminRechte;

   console.log(kannAufRessourceZugreifen); // *Ausgabe: false (true &&
   false)*

   let istWochenende = true;
   let istWetterGut = true;
   let geheInPark = istWochenende && istWetterGut;

   console.log(geheInPark); // *Ausgabe: true (true && true)*
   ```

2. **Logisches ODER (||):** Gibt true zurück, wenn **mindestens einer** der Operanden true ist. Es gibt nur false zurück, wenn *beide* Operanden false sind.

   ```
   let hatGutschein = false;
   let istMitglied = true;
   ```

```
let kannRabattErhalten = hatGutschein || istMitglied;

console.log(kannRabattErhalten); // *Ausgabe: true (false || true)*

let weckerVerpasst = false;
let istFeiertag = false;
let ausschlafen = weckerVerpasst || istFeiertag;

console.log(ausschlafen); // *Ausgabe: false (false || false)*
```

3. **Logisches NICHT (!)**: Invertiert den booleschen Wert seines Operanden. Es macht true zu false und false zu true.

```
let esRegnet = true;
let esRegnetNicht = !esRegnet;

console.log(esRegnetNicht); // *Ausgabe: false*

let dateienGespeichert = false;
let kannFensterSchliessen = !dateienGespeichert; // *Vielleicht prüfst
du das vor dem Schließen*

console.log(kannFensterSchliessen); // *Ausgabe: true*
```

Kurzschlussauswertung (Short-Circuiting): Die logischen Operatoren AND (&&) und OR (||) zeigen ein "Kurzschluss"-Verhalten.

- Bei &&, wenn der erste Operand false ist, *muss* das Ergebnis false sein, daher wertet JavaScript den zweiten Operanden gar nicht erst aus.
- Bei ||, wenn der erste Operand true ist, *muss* das Ergebnis true sein, daher wertet JavaScript den zweiten Operanden nicht aus. Dies kann nützlich für die Performance sein und zur Vermeidung von Fehlern (z. B. dem Versuch, auf eine Eigenschaft eines null-Objekts zuzugreifen).

Der Ternäre Operator

Der Bedingungsoperator (oder ternäre Operator) ist der einzige JavaScript-Operator, der drei Operanden benötigt. Er bietet eine prägnante Möglichkeit, einfache bedingte Zuweisungen zu schreiben, und fungiert als Kurzschreibweise für eine einfache if...else-Anweisung (die wir in Kapitel 4 vollständig behandeln werden).

Die Syntax ist: bedingung ? wertWennWahr : wertWennFalsch

1. Eine Bedingung wird ausgewertet.
2. Wenn die Bedingung `true` ist, löst der Operator zu `wertWennWahr` auf.
3. Wenn die Bedingung `false` ist, löst der Operator zu `wertWennFalsch` auf.

```
let alter = 20;
let getraenk = (alter >= 21) ? "Bier" : "Saft";
// *Bedingung (alter >= 21) ist false, also nimmt es den Wert nach :*
console.log(getraenk); // *Ausgabe: "Saft"*

let istAuthentifiziert = true;
let begruessung = istAuthentifiziert ? "Willkommen zurück!" : "Bitte anmelden.";
// *Bedingung (istAuthentifiziert) ist true, also nimmt es den Wert nach ?*
console.log(begruessung); // *Ausgabe: "Willkommen zurück!"*
```

Obwohl prägnant, kann die übermäßige Verwendung von verschachtelten oder komplexen ternären Operatoren den Code schwerer lesbar machen als ein Standard-`if...else`-Block. Verwende ihn für einfache bedingte Zuweisungen.

Andere nützliche Operatoren

JavaScript hat mehrere andere Operatoren, von denen wir einige bereits kennengelernt haben oder später untersuchen werden:

- `typeof`: Haben wir in Kapitel 2 gesehen. Gibt einen String zurück, der den Datentyp eines Operanden angibt.

  ```
  console.log(typeof 100); // *Ausgabe: "number"*
  ```

- `instanceof`: Prüft, ob ein Objekt eine Instanz eines bestimmten Konstruktors oder einer Klasse ist (relevanter, wenn wir Objekte und Klassen besprechen).
- `delete`: Entfernt eine Eigenschaft aus einem Objekt.
- **Kommaoperator (,)**: Ermöglicht die Auswertung mehrerer Ausdrücke in einer Sequenz und gibt das Ergebnis des letzten Ausdrucks zurück. Weniger häufig direkt verwendet, erscheint aber in einigen `for`-Schleifenkonstrukten (Kapitel 5).
- **Bitweise Operatoren (&, |, ^, ~, <<, >>, >>>)**: Führen Operationen direkt auf der binären Darstellung von Zahlen durch. Diese sind in der alltäglichen Webentwicklung weniger gebräuchlich, werden aber in spezifischen Low-Level- oder leistungskritischen Szenarien verwendet.

Mach dir keine Sorgen, all diese weniger gebräuchlichen Operatoren jetzt auswendig zu lernen. Konzentriere dich darauf, die arithmetischen, Zuweisungs-, Vergleichs- und logischen Operatoren zu beherrschen, da sie das Rückgrat der meisten JavaScript-Logik bilden.

Kapitelzusammenfassung

Dieses Kapitel hat dich mit den "Aktionswörtern" von JavaScript ausgestattet: Operatoren. Wir begannen mit **arithmetischen Operatoren** (+, -, *, /, %, **, ++, --) zur Durchführung von Berechnungen, wobei wir die Operatorrangfolge und Klammern im Auge behielten. Dann behandelten wir **Zuweisungsoperatoren** (=, +=, -=, etc.) zum prägnanten Speichern von Werten und Aktualisieren von Variablen. Ein entscheidender Teil war das Verständnis von **Vergleichsoperatoren** (>, <, ===, !==, etc.), insbesondere der wichtige Unterschied zwischen strikter (===) und loser (==) Gleichheit, wobei die Präferenz für strikte Vergleiche betont wurde. Wir untersuchten **logische Operatoren** (&&, ||, !) zum Kombinieren oder Invertieren boolescher Bedingungen und beachteten ihr Kurzschlussverhalten. Schließlich stellten wir den **ternären Operator** (? :) als Kurzschreibweise für einfache bedingte Zuweisungen vor und erwähnten andere Operatoren wie `typeof`.

Du kannst Daten nun nicht nur speichern, sondern auch manipulieren, vergleichen und logische Ergebnisse kombinieren. Diese Operatoren, insbesondere die Vergleichs- und logischen, sind die wesentlichen Werkzeuge für den nächsten Schritt: die Steuerung des Programmablaufs basierend auf Bedingungen. In Kapitel 4 werden wir uns mit **bedingten Anweisungen** (`if`, `else if`, `else`, `switch`) befassen, bei denen du diese Operatoren intensiv nutzen wirst, um deinen JavaScript-Code Entscheidungen treffen und dynamisch reagieren zu lassen.

4

Entscheidungen treffen

Das Leben ist voller Entscheidungen, und das Programmieren auch! Selten führt ein Programm jedes Mal genau dieselbe Abfolge von Anweisungen aus. Denk an deine tägliche Routine: Wenn es regnet, nimmst du einen Regenschirm; wenn es ein Wochentag ist, stellst du einen Wecker; andernfalls schläfst du vielleicht aus. Computerprogramme müssen ständig ähnliche Entscheidungen treffen, basierend auf den Daten, die sie haben, oder der Eingabe, die sie erhalten. Im vorigen Kapitel haben wir Operatoren kennengelernt, insbesondere Vergleichs- (===, >, etc.) und logische (&&, ||, !) Operatoren, die es uns ermöglichen, Fragen zu unseren Daten zu stellen und `true`- oder `false`-Antworten zu erhalten. Jetzt lernen wir, wie wir diese Antworten nutzen können, um zu steuern, welche Teile unseres Codes tatsächlich ausgeführt werden. Dieses Kapitel stellt **bedingte Anweisungen** (Conditional Statements) vor, die Strukturen, die es deinen JavaScript-Programmen ermöglichen, Entscheidungen zu treffen und verschiedenen Pfaden basierend auf spezifischen Bedingungen zu folgen.

Die `if`-Anweisung

Die grundlegendste bedingte Anweisung ist die `if`-Anweisung. Sie ermöglicht es dir, einen Codeblock *nur dann* auszuführen, *wenn* eine bestimmte Bedingung zu `true` ausgewertet wird.

Die Grundstruktur sieht so aus:

```
if (bedingung) {
  // *Code, der ausgeführt wird, wenn die Bedingung wahr ist*
}
// *Code hier wird unabhängig von der Bedingung ausgeführt*
```

1. Das Schlüsselwort if signalisiert den Beginn der Anweisung.
2. Die bedingung wird in runde Klammern () gesetzt. Diese Bedingung ist typischerweise ein Ausdruck, der zu einem booleschen Wert (true oder false) ausgewertet wird, oft unter Verwendung der Vergleichs- und logischen Operatoren, die wir in Kapitel 3 gelernt haben.
3. Wenn die bedingung true ist, wird der Code innerhalb der folgenden geschweiften Klammern {} (der Codeblock) ausgeführt.
4. Wenn die bedingung false ist, wird der Code innerhalb der geschweiften Klammern vollständig übersprungen, und das Programm fährt mit dem Code *nach* dem if-Block fort.

Sehen wir uns ein Beispiel an:

```
let temperatur = 30; // *Grad Celsius*

if (temperatur > 25) {
  console.log("Es ist ein heißer Tag! Trage kurze Hosen.");
}

console.log("Die Wetterprüfung ist abgeschlossen.");

// *Ausgabe:*
// Es ist ein heißer Tag! Trage kurze Hosen.
// Die Wetterprüfung ist abgeschlossen.
```

In diesem Fall ist temperatur > 25 (30 > 25) true, also wird die Nachricht innerhalb der geschweiften Klammern ausgegeben. Sehen wir uns nun an, was passiert, wenn die Bedingung falsch ist:

```
let temperatur = 15; // *Grad Celsius*

if (temperatur > 25) {
  // *Diese Bedingung (15 > 25) ist falsch*
  console.log("Es ist ein heißer Tag! Trage kurze Hosen.");
}

console.log("Die Wetterprüfung ist abgeschlossen.");
```

```
// *Ausgabe:*
// Die Wetterprüfung ist abgeschlossen.
```

Hier ist `temperatur > 25` false, daher wird das `console.log` innerhalb des `if`-Blocks übersprungen.

Alternativen hinzufügen (`else`)

Die `if`-Anweisung ist großartig, um etwas *nur dann* zu tun, wenn eine Bedingung wahr ist. Aber was ist, wenn du etwas *anderes* tun möchtest, wenn die Bedingung falsch ist? Hier kommt das `else`-Schlüsselwort ins Spiel. Du fügst einen `else`-Block direkt nach der schließenden geschweiften Klammer des `if`-Blocks hinzu.

```
if (bedingung) {
  // *Code, der ausgeführt wird, wenn die Bedingung wahr ist*
} else {
  // *Code, der ausgeführt wird, wenn die Bedingung falsch ist*
}
```

Der `else`-Block bietet einen alternativen Pfad – sein Code wird *nur dann* ausgeführt, wenn die `if`-Bedingung zu `false` ausgewertet wird.

```
let benutzerAlter = 17;
const wahlalter = 18;

if (benutzerAlter >= wahlalter) {
  console.log("Du bist wahlberechtigt.");
} else {
  console.log("Du bist noch nicht wahlberechtigt.");
}

// *Ausgabe:*
// Du bist noch nicht wahlberechtigt.
```

Da `benutzerAlter >= wahlalter` (17 >= 18) false ist, wird der Code innerhalb des `else`-Blocks ausgeführt. Einer, und *nur* einer, der Blöcke (`if` oder `else`) wird ausgeführt.

Mehrere Auswahlmöglichkeiten (`else if`)

Manchmal gibt es mehr als nur zwei Möglichkeiten. Möglicherweise musst du mehrere Bedingungen nacheinander prüfen. Dafür kannst du `if`- und `else`-Anweisungen mit `else if` verketten.

```
if (bedingung1) {
  // *Code, wenn Bedingung1 wahr ist*
} else if (bedingung2) {
  // *Code, wenn Bedingung1 falsch UND Bedingung2 wahr ist*
} else if (bedingung3) {
  // *Code, wenn Bedingung 1 und 2 falsch UND Bedingung3 wahr ist*
} else {
  // *Code, wenn ALLE vorherigen Bedingungen falsch sind*
}
```

JavaScript wertet die Bedingungen nacheinander von oben nach unten aus:

1. Es prüft `bedingung1`. Wenn `true`, wird ihr Block ausgeführt, und der Rest der Kette (`else if`, `else`) wird übersprungen.
2. Wenn `bedingung1 false` ist, prüft es `bedingung2`. Wenn `true`, wird ihr Block ausgeführt, und der Rest wird übersprungen.
3. Dies setzt sich die `else if`-Kette hinunter fort.
4. Wenn *keine* der `if`- oder `else if`-Bedingungen `true` ist, wird der letzte `else`-Block (falls vorhanden) ausgeführt. Das letzte `else` ist optional.

Modellieren wir ein einfaches Benotungssystem:

```
let punktzahl = 78;
let note;

if (punktzahl >= 90) {
  note = "A";
} else if (punktzahl >= 80) { // *Wird nur geprüft, wenn punktzahl < 90*
  note = "B";
} else if (punktzahl >= 70) { // *Wird nur geprüft, wenn punktzahl < 80*
  note = "C";
} else if (punktzahl >= 60) { // *Wird nur geprüft, wenn punktzahl < 70*
  note = "D";
} else {                      // *Wird nur ausgeführt, wenn punktzahl < 60*
  note = "F";
}

console.log(`Deine Note ist: ${note}`);
```

```
// *Ausgabe:*
// Deine Note ist: C
```

Da punktzahl 78 ist:

- punktzahl >= 90 (78 >= 90) ist false.
- punktzahl >= 80 (78 >= 80) ist false.
- punktzahl >= 70 (78 >= 70) ist true. Der Code note = "C" wird ausgeführt, und der Rest der else if- und else-Blöcke wird übersprungen.

Truthy- und Falsy-Werte erneut betrachtet

Nun zu einem etwas kniffligen, aber sehr wichtigen Aspekt von Bedingungen in JavaScript. Die if-Bedingung erfordert nicht streng genommen einen booleschen Wert (true oder false). Sie wertet tatsächlich *jeden* Ausdruck aus. Wenn das Ergebnis des Ausdrucks nicht bereits ein boolescher Wert ist, versucht JavaScript implizit, ihn mithilfe eines Konzepts namens **Truthy/Falsy** (Wahrheits-/Falschheitswert) in einen solchen umzuwandeln.

Die meisten Werte in JavaScript werden, wenn sie in einem booleschen Kontext wie einer if-Anweisung verwendet werden, als "truthy" betrachtet – sie werden zu true umgewandelt. Einige wenige spezifische Werte werden jedoch als **falsy** betrachtet – sie werden zu false umgewandelt.

Die primären **falsy**-Werte, die du dir merken musst, sind:

- false (der boolesche Wert selbst)
- 0 (die Zahl Null)
- -0 (negative Null)
- 0n (BigInt Null)
- "" (ein leerer String)
- null
- undefined
- NaN (Not a Number)

Alle anderen Werte sind truthy, einschließlich:

- Jeder nicht-leere String ("hallo", "0", "false")
- Jede Zahl ungleich Null (1, -10, 0.5)
- Arrays ([], auch wenn leer)

- Objekte ({}, auch wenn leer)
- Der boolesche Wert true

Sehen wir uns das in Aktion an:

```
let benutzerName = ""; // *Leerer String - falsy*
if (benutzerName) {
  console.log(`Willkommen, ${benutzerName}!`); // *Wird nicht ausgeführt*
} else {
  console.log("Bitte gib deinen Benutzernamen ein."); // *Wird ausgeführt*
}
// *Ausgabe: Bitte gib deinen Benutzernamen ein.*

let artikelImWarenkorb = 5; // *Zahl ungleich Null - truthy*
if (artikelImWarenkorb) {
  console.log(`Du hast ${artikelImWarenkorb} Artikel in deinem Warenkorb.`); //
*Wird ausgeführt*
} else {
  console.log("Dein Warenkorb ist leer.");
}
// *Ausgabe: Du hast 5 Artikel in deinem Warenkorb.*

let ausgewaehltesElement = null; // *null - falsy*
if (ausgewaehltesElement) {
  console.log("Verarbeite Element..."); // *Wird nicht ausgeführt*
} else {
  console.log("Kein Element ausgewählt."); // *Wird ausgeführt*
}
// *Ausgabe: Kein Element ausgewählt.*
```

Das Verständnis von truthy- und falsy-Werten ermöglicht es dir, prägnante Prüfungen zu schreiben, z. B. ob ein Benutzer *irgendeinen* Text für seinen Namen eingegeben hat (if (benutzerName)), oder ob eine Menge größer als Null ist (if (menge)). Sei dir jedoch bewusst, dass das Verlassen auf Truthiness manchmal weniger explizit sein kann als ein direkter Vergleich (z. B. könnte if (artikelImWarenkorb > 0) je nach Kontext klarer sein als if (artikelImWarenkorb)).

Eine andere Art der Auswahl (switch)

Wenn du einen einzelnen Wert oder Ausdruck hast, den du mit mehreren *spezifischen*, eindeutigen Möglichkeiten vergleichen musst, kann die Verwendung einer langen Kette von if...else if...else-Anweisungen repetitiv und manchmal schwer lesbar werden. Die switch-Anweisung bietet eine alternative Struktur für solche Fälle.

Die grundlegende Syntax ist:

```
switch (ausdruck) {
  case wert1:
    // *Code, der ausgeführt wird, wenn ausdruck === wert1*
    break; // *Wichtig: Stoppt die Ausführung innerhalb des switch*
  case wert2:
    // *Code, der ausgeführt wird, wenn ausdruck === wert2*
    break;
  case wert3:
    // *Code, der ausgeführt wird, wenn ausdruck === wert3*
    break;
  // ... weitere cases
  default:
    // *Code, der ausgeführt wird, wenn der Ausdruck keinem der Fälle
entspricht*
    // *Der default-Fall ist optional*
}
```

1. Das `switch`-Schlüsselwort startet die Anweisung, gefolgt von dem auszuwertenden `ausdruck` (in runden Klammern).
2. Der Wert des `ausdrucks` wird dann strikt (`===`) mit dem Wert verglichen, der auf jedes `case`-Schlüsselwort folgt.
3. Wenn eine Übereinstimmung gefunden wird (z. B. `ausdruck === wert1`), wird der Codeblock ausgeführt, der auf diesen `case` folgt (bis zur `break`-Anweisung).
4. Die `break`-Anweisung ist entscheidend. Sie weist JavaScript an, die `switch`-Anweisung sofort zu verlassen, nachdem der Code des übereinstimmenden Falls ausgeführt wurde. **Wenn du** `break` **weglässt**, fällt die Ausführung zum *nächsten* `case`-Block durch ("fall through"), unabhängig davon, ob dessen Wert übereinstimmt, was normalerweise nicht das ist, was du willst!
5. Der `default`-Fall ist optional. Sein Codeblock wird ausgeführt, wenn der *ausdruck* mit *keinem* der vorhergehenden `case`-Werte übereinstimmt. Er ähnelt dem letzten `else` in einer `if...else if`-Kette.

Betrachten wir ein Beispiel zur Handhabung von Benutzermenüauswahlen:

```
let benutzerWahl = "edit"; // oder "bearbeiten"
let aktionsNachricht;

switch (benutzerWahl) {
  case "view": // oder "anzeigen"
    aktionsNachricht = "Inhalt wird angezeigt...";
```

```
      break;
    case "edit": // oder "bearbeiten"
      aktionsNachricht = "Editor wird geöffnet...";
      break; // *Ohne dies würde es zu "delete" durchfallen!*
    case "delete": // oder "löschen"
      aktionsNachricht = "Bist du sicher, dass du löschen möchtest?";
      break;
    case "share": // oder "teilen"
      aktionsNachricht = "Freigabeoptionen werden geöffnet...";
      break;
    default:
      aktionsNachricht = "Ungültige Auswahl getroffen.";
  }

console.log(aktionsNachricht);

// *Ausgabe:*
// Editor wird geöffnet...
```

Wenn benutzerWahl "delete" (oder "löschen") wäre, wäre die Ausgabe "Bist du sicher, dass du löschen möchtest?". Wenn benutzerWahl "save" (oder "speichern") wäre, würde es keinem Fall entsprechen, also würde der default-Block ausgeführt und "Ungültige Auswahl getroffen." ausgeben.

Wann switch **vs.** if/else if **verwenden?**

- Verwende switch, wenn du eine einzelne Variable oder einen Ausdruck gegen mehrere **diskrete, bekannte Werte** (wie spezifische Strings oder Zahlen) prüfst.
- Verwende if / else if, wenn du mit **Bereichen** (z. B. punktzahl >= 90), komplexen booleschen Bedingungen arbeitest oder wenn du verschiedene Variablen in verschiedenen Bedingungen vergleichst.

Bedingungen kombinieren

Erinnerst du dich an die logischen Operatoren (&&, ||, !) aus Kapitel 3? Du kannst sie innerhalb der Bedingungen deiner if, else if-Anweisungen verwenden, um komplexere Entscheidungslogiken zu erstellen.

```
let stunde = 14; // *14 Uhr*
let istWochenende = false;

// *Prüfen, ob es Mittagszeit an einem Wochentag ist*
```

```
if (stunde >= 12 && stunde < 13 && !istWochenende) {
  console.log("Zeit für deine Mittagspause!");
} else {
  console.log("Weiterarbeiten (oder entspannen, wenn Wochenende ist!)");
}
// *Ausgabe: Weiterarbeiten (oder entspannen, wenn Wochenende ist!)*

let hatGueltigenFuehrerschein = true;
let hatAuto = false;
let hatFahrrad = true;


// *Prüfen, ob die Person mit ihrem eigenen Fahrzeug pendeln kann*
if (hatGueltigenFuehrerschein && (hatAuto || hatFahrrad)) {
  // *Beachte die Klammern zur Verdeutlichung mit ODER*
  console.log("Du kannst mit deinem eigenen Fahrzeug pendeln.");
} else {
  console.log("Du benötigst möglicherweise öffentliche Verkehrsmittel oder eine
Mitfahrgelegenheit.");
}
// *Ausgabe: Du kannst mit deinem eigenen Fahrzeug pendeln.*
```

Durch das Kombinieren von Bedingungen kannst du komplexe Regeln und Szenarien aus der realen Welt in deinem Code modellieren.

Kapitelzusammenfassung

In diesem Kapitel haben wir untersucht, wie wir unseren JavaScript-Programmen die Fähigkeit geben können, Entscheidungen zu treffen. Wir haben die grundlegende if-Anweisung gelernt, um Code basierend auf einer wahren Bedingung auszuführen, die else-Anweisung, um einen alternativen Pfad bereitzustellen, wenn die Bedingung falsch ist, und die else if-Struktur, um mehrere Bedingungen nacheinander zu prüfen. Wir haben die wichtigen Konzepte von **truthy- und falsy**-Werten wiederholt und verstanden, wie JavaScript nicht-boolesche Bedingungen auswertet. Wir haben auch die switch-Anweisung als nützliche Alternative zu if...else if-Ketten vorgestellt, wenn ein einzelner Ausdruck mit mehreren spezifischen Werten verglichen wird, und die kritische Rolle der break-Anweisung hervorgehoben. Schließlich haben wir gesehen, wie **logische Operatoren** (&&, ||, !) innerhalb von Bedingungen verwendet werden können, um komplexere Entscheidungslogiken aufzubauen.

Du kannst nun den Ausführungsfluss steuern und deine Programme dynamisch auf verschiedene Situationen reagieren lassen. Manchmal musst du jedoch eine Aktion wiederholt ausführen. Anstatt denselben Code mehrmals zu schreiben, brauchen wir eine Möglichkeit zur Wiederholung. Im nächsten Kapitel werden wir uns mit **Schleifen** (`for`, `while`, `do...while`) befassen, die es dir ermöglichen, Codeblöcke effizient mehrmals auszuführen.

5

Aktionen wiederholen

Im vorigen Kapitel haben wir gelernt, wie unsere Programme mithilfe von bedingten Anweisungen (`if`, `else`, `switch`) Entscheidungen treffen können. Dies ermöglicht unterschiedliche Ausführungspfade. Aber was ist, wenn du dieselbe Aufgabe oder eine sehr ähnliche Aufgabe mehrmals ausführen musst? Stell dir vor, du sendest eine personalisierte Begrüßung an 100 Benutzer, berechnest die Summe der Zahlen von 1 bis 50 oder überprüfst jeden Artikel auf einer Einkaufsliste. Den Code für jede Wiederholung einzeln zu schreiben, wäre unglaublich mühsam, fehleranfällig und ineffizient. Hier kommen **Schleifen** zur Rettung! Schleifen sind grundlegende Kontrollstrukturen in JavaScript, die es dir ermöglichen, einen Codeblock wiederholt auszuführen, bis eine bestimmte Bedingung erfüllt ist. Sie sind der Schlüssel zur Automatisierung wiederkehrender Aufgaben.

Warum Schleifen verwenden?

Schleifen verkörpern ein Kernprinzip der Programmierung, bekannt als **DRY - Don't Repeat Yourself** (Wiederhole dich nicht). Anstatt ähnliche Codeblöcke zu kopieren und einzufügen, schreibst du den Code *einmal* innerhalb einer Schleifenstruktur und sagst JavaScript, wie oft oder unter welchen Bedingungen er wiederholt werden soll.

Die Verwendung von Schleifen bietet mehrere Vorteile:

- **Prägnanz:** Reduziert die Menge an Code, die du schreiben musst.

- **Lesbarkeit:** Macht oft die Absicht des Codes klarer (z. B. ist "verarbeite alle Elemente" klarer als 100 Zeilen Verarbeitungscode).
- **Wartbarkeit:** Wenn du die wiederholte Aufgabe ändern musst, musst du sie nur an einer Stelle ändern (innerhalb des Schleifenkörpers).
- **Flexibilität:** Schleifen können Situationen bewältigen, in denen die Anzahl der Wiederholungen vorher nicht bekannt ist.

JavaScript bietet verschiedene Arten von Schleifen, die jeweils für unterschiedliche Szenarien geeignet sind. Untersuchen wir die gebräuchlichsten.

Die `for`-Schleife

Die `for`-Schleife ist oft die erste Wahl, wenn du weißt, **wie oft** die Schleife ausgeführt werden soll. Es ist, als würdest du sagen: "Erledige diese Aufgabe genau 10 Mal."

Die grundlegende Syntax sieht etwas komplexer aus als `if`, ist aber sehr strukturiert:

```
for (initialisierung; bedingung; endausdruck) {
  // Codeblock, der wiederholt ausgeführt wird (Schleifenkörper)
}
```

Lassen Sie uns die drei Teile innerhalb der Klammern aufschlüsseln, getrennt durch Semikolons:

1. `initialisierung`: Dieser Ausdruck wird **einmal** ausgeführt, bevor die Schleife beginnt. Er wird typischerweise verwendet, um eine Zählervariable (oft `i` für "Index" oder "Iterator" genannt) zu deklarieren und zu initialisieren.
2. `bedingung`: Dieser Ausdruck wird **vor jeder potenziellen Schleifeniteration** ausgewertet.
   - Wenn die Bedingung `true` ist, wird der Code im Schleifenkörper (`{...}`) ausgeführt.
   - Wenn die Bedingung `false` wird, endet die Schleife, und das Programm fährt mit dem Code *nach* der Schleife fort.
3. `endausdruck`: Dieser Ausdruck wird **am Ende jeder Schleifeniteration** ausgeführt, *nachdem* der Schleifenkörper ausgeführt wurde. Er wird typischerweise verwendet, um die Zählervariable zu aktualisieren (z. B. sie zu inkrementieren).

Hier ist ein klassisches Beispiel: Zählen von 1 bis 5:

```
console.log("Schleife wird gestartet!");
```

```
for (let i = 1; i <= 5; i++) {
  // initialisierung: let i = 1; (wird einmal ausgeführt)
  // bedingung: i <= 5 (wird vor jeder Iteration geprüft)
  // endausdruck: i++ (wird nach jedem Schleifenkörper ausgeführt)

  console.log(`Aktueller Zählerstand ist: ${i}`);
}

console.log("Schleife beendet!");

// *Ausgabe:*
// Schleife wird gestartet!
// Aktueller Zählerstand ist: 1
// Aktueller Zählerstand ist: 2
// Aktueller Zählerstand ist: 3
// Aktueller Zählerstand ist: 4
// Aktueller Zählerstand ist: 5
// Schleife beendet!
```

Wie es funktioniert:

1. `let i = 1;` initialisiert i mit 1.
2. `i <= 5` (1 <= 5) ist `true`. Schleifenkörper wird ausgeführt: gibt "Aktueller Zählerstand ist: 1" aus.
3. `i++` wird ausgeführt. i wird 2.
4. `i <= 5` (2 <= 5) ist `true`. Schleifenkörper wird ausgeführt: gibt "Aktueller Zählerstand ist: 2" aus.
5. `i++` wird ausgeführt. i wird 3.
6. `i <= 5` (3 <= 5) ist `true`. Schleifenkörper wird ausgeführt: gibt "Aktueller Zählerstand ist: 3" aus.
7. `i++` wird ausgeführt. i wird 4.
8. `i <= 5` (4 <= 5) ist `true`. Schleifenkörper wird ausgeführt: gibt "Aktueller Zählerstand ist: 4" aus.
9. `i++` wird ausgeführt. i wird 5.
10. `i <= 5` (5 <= 5) ist `true`. Schleifenkörper wird ausgeführt: gibt "Aktueller Zählerstand ist: 5" aus.
11. `i++` wird ausgeführt. i wird 6.
12. `i <= 5` (6 <= 5) ist `false`. Die Schleife endet.
13. "Schleife beendet!" wird ausgegeben.

Die im `initialisierung`-Teil deklarierte Variable (`let i`) ist typischerweise auf die Schleife selbst beschränkt (lokaler Gültigkeitsbereich), was bedeutet, dass sie außerhalb der Schleife nicht existiert (dies ist ein Vorteil der Verwendung von `let` oder `const` hier, was wir in Kapitel 2 besprochen haben und in Kapitel 9 zum Thema Gültigkeitsbereich (Scope) wieder aufgreifen werden).

Die `while`-Schleife

Was ist, wenn du nicht genau weißt, wie oft du eine Schleife durchlaufen musst? Vielleicht musst du etwas so lange tun, *bis* eine bestimmte Bedingung erfüllt ist, wie z. B. auf eine Benutzereingabe warten oder Elemente verarbeiten, bis eine Ressource erschöpft ist. Für diese Szenarien ist die `while`-Schleife ideal.

Die `while`-Schleife hat eine einfachere Struktur als die `for`-Schleife:

```
while (bedingung) {
  // Codeblock, der ausgeführt wird, solange die Bedingung wahr ist

  // *Entscheidend: Etwas innerhalb der Schleife muss die Bedingung*
  // *schließlich falsch machen, sonst ist es eine Endlosschleife!*
}
```

1. Das Schlüsselwort `while` startet die Schleife.
2. Die `bedingung` in den runden Klammern wird **vor** jeder potenziellen Iteration ausgewertet.
3. Wenn die `bedingung` `true` ist, wird der Codeblock ausgeführt.
4. Nachdem der Block ausgeführt wurde, wird die Bedingung *erneut* geprüft. Dieser Zyklus wiederholt sich.
5. Wenn (oder sobald) die `bedingung` zu `false` ausgewertet wird, stoppt die Schleife, und das Programm fährt nach dem Schleifenblock fort.

Simulieren wir einen einfachen Countdown:

```
let countdown = 3;

console.log("Starte Countdown...");

while (countdown > 0) {
  console.log(countdown);
  countdown--; // *Zähler dekrementieren - wichtiger Schritt!*
}

console.log("Zündung!");
```

```
// *Ausgabe:*
// Starte Countdown...
// 3
// 2
// 1
// Zündung!
```

Wie es funktioniert:

1. `countdown > 0` (3 > 0) ist `true`. Gibt 3 aus. `countdown` wird 2.
2. `countdown > 0` (2 > 0) ist `true`. Gibt 2 aus. `countdown` wird 1.
3. `countdown > 0` (1 > 0) ist `true`. Gibt 1 aus. `countdown` wird 0.
4. `countdown > 0` (0 > 0) ist `false`. Die Schleife endet.
5. "Zündung!" wird ausgegeben.

Entscheidend ist die Zeile `countdown--`. Ohne sie würde `countdown` immer 3 bleiben, `countdown > 0` wäre immer wahr, und die Schleife würde ewig laufen! Dies nennt man eine **Endlosschleife**, die wir gleich näher besprechen werden.

Die do...while-Schleife

Die do...while-Schleife ist eine enge Verwandte der `while`-Schleife. Der Hauptunterschied besteht darin, dass die Bedingung **nach** der Ausführung des Schleifenkörpers geprüft wird, nicht davor. Dies garantiert, dass der Code innerhalb des Schleifenblocks **mindestens einmal** ausgeführt wird, auch wenn die Bedingung anfänglich falsch ist.

Die Syntax ist:

```
do {
  // Auszuführender Codeblock

  // *Stelle wieder sicher, dass etwas die Bedingung falsch machen kann*
} while (bedingung); // *Semikolon ist hier erforderlich!*
```

1. Das Schlüsselwort do startet die Schleife.
2. Der Codeblock {...} wird **zuerst** ausgeführt.
3. Dann wird die `bedingung` in den `while()`-Klammern ausgewertet.
4. Wenn die `bedingung` `true` ist, springt die Ausführung zurück zum do-Block für eine weitere Iteration.
5. Wenn die `bedingung` `false` ist, endet die Schleife.

Wann würdest du das verwenden? Ein häufiges Szenario ist das Abfragen einer Benutzereingabe, bis etwas Gültiges bereitgestellt wird, wobei sichergestellt wird, dass die Aufforderung mindestens einmal erscheint.

```
let benutzerEingabe;

do {
  // *Angenommen, prompt() ist eine Funktion, die Benutzereingaben erhält (DOM-
Interaktion sehen wir später)*
  // *Simulieren wir es vorerst*
  console.log("Bitte gib 'ja' oder 'nein' ein:");
  // *In einem realen Szenario würdest du hier Eingaben erhalten. Simulieren wir
einige Versuche.*
  if (benutzerEingabe === undefined) {
      benutzerEingabe = "vielleicht"; // *Erster ungültiger Versuch*
      console.log(`Simulierte Eingabe: ${benutzerEingabe}`);
  } else if (benutzerEingabe === "vielleicht") {
      benutzerEingabe = "ja"; // *Zweiter gültiger Versuch*
       console.log(`Simulierte Eingabe: ${benutzerEingabe}`);
  }

} while (benutzerEingabe !== "ja" && benutzerEingabe !== "nein");

console.log(`Du hast eingegeben: ${benutzerEingabe}`);

// *Ausgabe:*
// Bitte gib 'ja' oder 'nein' ein:
// Simulierte Eingabe: vielleicht
// Bitte gib 'ja' oder 'nein' ein:
// Simulierte Eingabe: ja
// Du hast eingegeben: ja
```

Beachte, dass die Schleife zweimal lief: einmal mit dem ungültigen "vielleicht" und erneut, um das gültige "ja" zu erhalten. Wenn benutzerEingabe *vor* der Schleife auf "ja" initialisiert worden wäre, wäre der do-Block trotzdem einmal ausgeführt worden, bevor die Bedingung geprüft wurde.

Endlosschleifen vermeiden

Eine Endlosschleife tritt auf, wenn die Austrittsbedingung der Schleife niemals erfüllt wird. Die Schleife läuft ewig (oder bis der Browser/das System eingreift, oft durch Einfrieren oder Absturz). Das ist normalerweise ein Fehler!

Häufige Ursachen:

- `while` / `do...while`: Vergessen, Code innerhalb der Schleife einzufügen, der die an der Bedingung beteiligte(n) Variable(n) ändert, sodass die Bedingung *niemals* falsch wird.

```
// *Endlosschleife - Gefahr!*
let zaehler = 0;
while (zaehler < 10) {
  console.log("Läuft immer noch...");
  // *Vergessen, zaehler zu erhöhen (z.B. zaehler++;)*
}
```

- `for`: Schreiben einer Bedingung oder eines Endausdrucks, der nicht darauf hinarbeitet, die Bedingung falsch zu machen.

```
// *Endlosschleife - Gefahr!*
for (let i = 0; i < 5; i--) { // *Dekrementieren von i macht es immer
kleiner als 5*
  console.log("Geht in die falsche Richtung!");
}
```

Prävention:

- Überprüfe immer sorgfältig, ob die Variablen in deiner Schleifenbedingung innerhalb des Schleifenkörpers (`while`, `do...while`) oder im Endausdruck (`for`) so modifiziert werden, dass die Bedingung schließlich falsch wird.
- Teste deine Schleifen sorgfältig, vielleicht mit einem temporären Zähler oder `console.log`-Anweisungen, um sicherzustellen, dass sie wie erwartet enden.

Wenn du versehentlich eine Endlosschleife in einem Browser-Tab ausführst, musst du möglicherweise diesen Tab schließen oder sogar den Browser zwangsbeenden.

Schleifen steuern (`break` **und** `continue`)

Manchmal benötigst du eine granularere Kontrolle über deine Schleifen, als sie einfach nur laufen zu lassen, bis die Hauptbedingung erfüllt ist. JavaScript bietet dafür zwei Anweisungen: `break` und `continue`.

break

Wir sind `break` bereits in der `switch`-Anweisung (Kapitel 4) begegnet. Im Kontext von Schleifen (`for`, `while`, `do...while`) **beendet** die `break`-Anweisung **sofort die gesamte**

Schleife, unabhängig davon, ob die Hauptbedingung der Schleife noch wahr ist. Die Ausführung wird mit der ersten Anweisung *nach* dem Schleifenblock fortgesetzt.

Es wird oft verwendet, wenn du nach etwas suchst und aufhören möchtest, sobald du es gefunden hast.

```javascript
let zahlen = [2, 5, 8, 12, 15, 20]; // *Ein Array (mehr in Kapitel 6)*
let gefundeneZahl = -1; // *Standardwert, wenn nicht gefunden*
let suchziel = 12;

console.log(`Suche nach ${suchziel}...`);

for (let i = 0; i < zahlen.length; i++) { // *Schleife durch Array-Indizes*
  console.log(`Prüfe Index ${i}, Wert ${zahlen[i]}`);
  if (zahlen[i] === suchziel) {
    gefundeneZahl = zahlen[i];
    console.log("Gefunden!");
    break; // *Schleife sofort verlassen*
  }
}

if (gefundeneZahl !== -1) {
    console.log(`Ziel ${gefundeneZahl} wurde gefunden.`);
} else {
    console.log(`Ziel ${suchziel} nicht in der Liste.`);
}

// *Ausgabe:*
// Suche nach 12...
// Prüfe Index 0, Wert 2
// Prüfe Index 1, Wert 5
// Prüfe Index 2, Wert 8
// Prüfe Index 3, Wert 12
// Gefunden!
// Ziel 12 wurde gefunden.
```

Beachte, wie die Schleife aufgehört hat, 15 und 20 zu prüfen, sobald 12 gefunden und break ausgeführt wurde.

continue

Die continue-Anweisung beendet nicht die gesamte Schleife. Stattdessen **überspringt sie den Rest des Codes innerhalb der aktuellen Iteration** des Schleifenkörpers und fährt sofort mit der **nächsten Iteration** fort (wertet die Bedingung aus und führt den Endausdruck in einer for-Schleife aus).

Es ist nützlich, wenn du die meisten Elemente in einer Schleife verarbeiten, aber bestimmte basierend auf einer Bedingung überspringen möchtest.

Beispiel: Nur die ungeraden Zahlen zwischen 1 und 10 ausgeben.

```
console.log("Ungerade Zahlen werden ausgegeben:");

for (let i = 1; i <= 10; i++) {
  if (i % 2 === 0) { // *Prüfen, ob die Zahl gerade ist*
    continue; // *Rest dieser Iteration überspringen, wenn gerade*
  }
  // *Diese Zeile wird nur erreicht, wenn 'continue' NICHT ausgeführt wurde
(d.h. wenn i ungerade ist)*
  console.log(i);
}

// *Ausgabe:*
// Ungerade Zahlen werden ausgegeben:
// 1
// 3
// 5
// 7
// 9
```

Wenn i 2, 4, 6, 8 oder 10 war, war die if-Bedingung wahr, continue wurde ausgeführt, und die console.log(i)-Zeile wurde für diese Iteration übersprungen.

Durch Sammlungen iterieren (Ein früher Blick)

Eine der häufigsten Anwendungen für Schleifen ist die Verarbeitung von Datensammlungen, wie z. B. Listen von Elementen. In JavaScript ist die primäre Methode zur Darstellung geordneter Listen die Verwendung von **Arrays**. Obwohl wir Kapitel 6 vollständig den Arrays widmen werden, wollen wir kurz sehen, wie eine for-Schleife perfekt geeignet ist, um über sie zu iterieren.

Arrays haben eine length-Eigenschaft, die dir sagt, wie viele Elemente sie enthalten, und du greifst auf einzelne Elemente über numerische Indizes zu, beginnend bei 0.

```
let farben = ["rot", "grün", "blau", "gelb"];

console.log("Verfügbare Farben:");
```

```
// *Schleife von Index 0 bis (aber nicht einschließlich) farben.length*
for (let i = 0; i < farben.length; i++) {
  let aktuelleFarbe = farben[i]; // *Zugriff auf Element am Index i*
  console.log(`- ${aktuelleFarbe}`);
}

// *Ausgabe:*
// Verfügbare Farben:
// - rot
// - grün
// - blau
// - gelb
```

Dieses Muster (Verwendung einer `for`-Schleife mit einem Index von 0 bis `array.length - 1`) ist fundamental für die Arbeit mit Arrays. Wir werden dies und bequemere Möglichkeiten zum Durchlaufen von Arrays in späteren Kapiteln untersuchen.

Kapitelzusammenfassung

Dieses Kapitel führte das leistungsstarke Konzept der **Schleifen** zur Automatisierung wiederkehrender Aufgaben ein. Wir behandelten die `for`-**Schleife**, ideal, wenn du die Anzahl der Wiederholungen kennst, und zerlegten ihre Komponenten `Initialisierung`, `Bedingung` und `Endausdruck`. Wir untersuchten die `while`-**Schleife** für die Wiederholung von Aufgaben, solange eine Bedingung wahr bleibt, und betonten die Notwendigkeit sicherzustellen, dass die Bedingung schließlich falsch wird. Die `do...while`-**Schleife** wurde als Variante vorgestellt, die mindestens eine Ausführung vor der Prüfung der Bedingung garantiert. Wir diskutierten die kritische Bedeutung der **Vermeidung von Endlosschleifen** und wie sie häufig auftreten. Schließlich lernten wir, wie man mit `break` zur frühzeitigen Beendigung und `continue` zum Überspringen der aktuellen Iteration eine feinere Kontrolle innerhalb von Schleifen erlangt. Wir bekamen auch einen Einblick, wie Schleifen, insbesondere `for`-Schleifen, für die Arbeit mit Sammlungen wie Arrays unerlässlich sind.

Du hast nun die Werkzeuge, um nicht nur Entscheidungen zu treffen (`if`/`else`), sondern auch Aktionen effizient zu wiederholen (`for`/`while`). Diese Kontrollflussstrukturen sind die Kernbausteine der Logik in der Programmierung. Mit Variablen, Operatoren, Bedingungen und Schleifen im Gepäck bist du bereit, Daten effektiver zu organisieren. Im nächsten Kapitel werden wir uns eingehend mit **Arrays** befassen, dem primären Werkzeug von JavaScript zum Speichern geordneter Datenlisten, und sehen, wie Schleifen die Arbeit damit praktisch machen.

6

Arrays

Bisher haben wir gelernt, einzelne Informationen mithilfe von Variablen zu speichern (Kapitel 2) und Aktionen mithilfe von Schleifen zu wiederholen (Kapitel 5). Variablen eignen sich hervorragend zum Speichern einzelner Elemente wie dem Namen eines Benutzers oder der aktuellen Temperatur. Aber was passiert, wenn du mit einer *Sammlung* zusammengehöriger Elemente arbeiten musst? Stell dir vor, du müsstest eine Liste von Studentennamen speichern, die Highscores für ein Spiel, die Schritte in einem Rezept oder die verfügbaren Farben für ein Produkt. Für jedes Element eine separate Variable zu erstellen (`punktzahl1`, `punktzahl2`, `punktzahl3`, ...) würde schnell unüberschaubar werden, besonders wenn sich die Listengröße ändern kann.

Hier kommen **Arrays** ins Spiel. Arrays sind eine fundamentale Datenstruktur in JavaScript, die verwendet wird, um eine **geordnete Liste** mehrerer Werte unter einem einzigen Variablennamen zu speichern. Stell dir ein Array wie eine nummerierte Liste oder ein Regal mit speziell nummerierten Fächern vor, wobei jedes Fach einen Wert enthalten kann.

Was ist ein Array?

Ein Array ist ein spezieller Objekttyp in JavaScript, der speziell dafür entwickelt wurde, eine Sammlung von Elementen in einer bestimmten Reihenfolge zu halten. Zu den Hauptmerkmalen gehören:

- **Geordnet:** Die Elemente in einem Array behalten eine bestimmte Reihenfolge bei. Das erste Element, das du hinzufügst, bleibt an erster Stelle, das zweite an zweiter usw., es sei denn, du änderst die Reihenfolge explizit.
- **Indiziert:** Jedes Element (oder **Element**) in einem Array hat eine numerische Position, die als **Index** bezeichnet wird. Wichtig ist, dass Array-Indizes in JavaScript **nullbasiert** sind, was bedeutet, dass das erste Element den Index 0 hat, das zweite den Index 1, das dritte den Index 2 usw.
- **Flexibel:** Arrays können Elemente jedes Datentyps enthalten – Zahlen, Strings, Booleans, andere Objekte, sogar andere Arrays! Du kannst verschiedene Typen innerhalb desselben Arrays mischen.
- **Dynamisch:** JavaScript-Arrays können bei Bedarf wachsen oder schrumpfen; du kannst Elemente hinzufügen oder entfernen, nachdem das Array erstellt wurde.

Stell dir eine Liste von Aufgaben für den Tag vor:

1. Aufwachen
2. Kaffee machen
3. E-Mails prüfen
4. Programmieren!

In einem Array würde das so aussehen:

- Index 0: "Aufwachen"
- Index 1: "Kaffee machen"
- Index 2: "E-Mails prüfen"
- Index 3: "Programmieren!"

Arrays erstellen

Die gebräuchlichste und bevorzugte Methode zur Erstellung eines Arrays in JavaScript ist die Verwendung der **Array-Literal**-Syntax, bei der eine durch Kommas getrennte Liste von Elementen in eckige Klammern [] eingeschlossen wird.

```
// Ein leeres Array
let leereListe = [];
console.log(leereListe); // *Ausgabe: []*

// Ein Array von Strings (Programmiersprachen)
let sprachen = ["JavaScript", "Python", "Java", "C++"];
console.log(sprachen); // *Ausgabe: [ 'JavaScript', 'Python', 'Java', 'C++' ]*
```

```javascript
// Ein Array von Zahlen (Punktzahlen)
let bestenlisten = [98, 95, 92, 88, 85];
console.log(bestenlisten); // *Ausgabe: [ 98, 95, 92, 88, 85 ]*

// Ein Array mit gemischten Datentypen
let gemischteDaten = ["Alice", 30, true, null, { thema: "dunkel" }];
// *Enthält String, Zahl, Boolean, null und ein Objekt (Kapitel 7)*
console.log(gemischteDaten); // *Ausgabe: [ 'Alice', 30, true, null, { thema:
'dunkel' } ]*

// Ein Array, das ein anderes Array enthält (verschachteltes Array oder
mehrdimensional)
let matrix = [
  [1, 2, 3],
  [4, 5, 6],
  [7, 8, 9]
];
console.log(matrix); // *Ausgabe: [ [ 1, 2, 3 ], [ 4, 5, 6 ], [ 7, 8, 9 ] ]*
```

Hinweis zu new Array(): Gelegentlich siehst du vielleicht Arrays, die mit new Array() erstellt wurden. Obwohl dies funktioniert, kann es manchmal verwirrend sein (z. B. erstellt new Array(5) ein leeres Array mit der Länge 5, aber new Array(5, 10) erstellt das Array [5, 10]). Aus Gründen der Klarheit und Konsistenz **bleibe bei der Array-Literal-Syntax []**.

Auf Array-Elemente zugreifen (Indizes)

Um ein Element aus einem Array abzurufen, verwendest du die Notation mit eckigen Klammern [] direkt nach dem Array-Variablennamen und platzierst den **nullbasierten Index** des gewünschten Elements in die Klammern.

```javascript
let fruechte = ["Apfel", "Banane", "Kirsche", "Dattel"];

// Zugriff auf das erste Element (Index 0)
let ersteFrucht = fruechte[0];
console.log(ersteFrucht); // *Ausgabe: Apfel*

// Zugriff auf das dritte Element (Index 2)
let dritteFrucht = fruechte[2];
console.log(dritteFrucht); // *Ausgabe: Kirsche*

// Zugriff auf das letzte Element
// (Länge ist 4, also ist der letzte Index 4 - 1 = 3)
let letzteFrucht = fruechte[fruechte.length - 1];
```

```
console.log(letzteFrucht); // *Ausgabe: Dattel*

// Was passiert, wenn der Index außerhalb der Grenzen liegt?
let nichtExistent = fruechte[10];
console.log(nichtExistent); // *Ausgabe: undefined*
```

Der Versuch, auf einen Index zuzugreifen, der im Array nicht existiert, verursacht keinen Fehler; er gibt einfach den Wert undefined zurück, den wir in Kapitel 2 kennengelernt haben.

Array-Elemente ändern

Du kannst den Wert eines Elements an einem bestimmten Index mithilfe der Zuweisung (=) ändern, genau wie bei regulären Variablen, aber unter Verwendung der Klammernotation, um das Zielelement anzugeben.

```
let farben = ["Rot", "Grün", "Blau"];
console.log("Ursprüngliche Farben:", farben); // *Ausgabe: Ursprüngliche Farben:
[ 'Rot', 'Grün', 'Blau' ]*

// Ändere das Element am Index 1 (Grün) zu 'Gelb'
farben[1] = "Gelb";
console.log("Geänderte Farben:", farben); // *Ausgabe: Geänderte Farben:
[ 'Rot', 'Gelb', 'Blau' ]*

// Du kannst sogar Elemente hinzufügen, indem du einem neuen Index zuweist
farben[3] = "Lila"; // *Fügt 'Lila' am Index 3 hinzu*
console.log("Hinzugefügte Farbe:", farben); // *Ausgabe: Hinzugefügte Farbe:
[ 'Rot', 'Gelb', 'Blau', 'Lila' ]*
```

Array-Eigenschaften: length

Jedes Array hat eine eingebaute length-Eigenschaft, die dir sagt, wie viele Elemente sich aktuell im Array befinden. Diese Eigenschaft ist unglaublich nützlich, besonders wenn du alle Elemente durchlaufen musst.

```
let werkzeuge = ["Hammer", "Schraubendreher", "Schraubenschlüssel"];
console.log(werkzeuge.length); // *Ausgabe: 3*

let zahlen = [10, 20, 30, 40, 50, 60];
console.log(zahlen.length); // *Ausgabe: 6*
```

```
let leer = [];
console.log(leer.length); // *Ausgabe: 0*

// Die length-Eigenschaft wird automatisch aktualisiert, wenn du Elemente
hinzufügst/entfernst
werkzeuge.push("Zange"); // *Füge ein Element hinzu (mehr zu push() bald)*
console.log(werkzeuge);      // *Ausgabe: [ 'Hammer', 'Schraubendreher',
 'Schraubenschlüssel', 'Zange' ]*
console.log(werkzeuge.length); // *Ausgabe: 4*
```

Wie im fruechte-Beispiel zuvor gesehen, ist array.length - 1 eine zuverlässige Methode, um den Index des *letzten* Elements in jedem nicht-leeren Array zu erhalten.

Gängige Array-Methoden

Arrays sind mit vielen eingebauten **Methoden** ausgestattet. Methoden sind im Wesentlichen Funktionen, die mit einem Objekt (in diesem Fall dem Array) verbunden sind und Aktionen auf diesem Objekt oder in Bezug darauf ausführen. Du rufst eine Methode mit der Punktnotation (.) gefolgt vom Methodennamen und Klammern () auf. Einige Methoden erfordern Argumente innerhalb der Klammern.

Untersuchen wir einige der am häufigsten verwendeten Array-Methoden:

Elemente hinzufügen/entfernen

Diese Methoden modifizieren das ursprüngliche Array (sie sind "mutierend" oder "destruktiv").

- push(element1, element2, ...): Fügt ein oder mehrere Elemente am **Ende** des Arrays hinzu. Gibt die neue length des Arrays zurück.

  ```
  let planeten = ["Merkur", "Venus", "Erde"];
  let neueLaenge = planeten.push("Mars", "Jupiter");

  console.log(planeten);   // *Ausgabe: [ 'Merkur', 'Venus', 'Erde',
  'Mars', 'Jupiter' ]*
  console.log(neueLaenge); // *Ausgabe: 5*
  ```

- pop(): Entfernt das **letzte** Element aus dem Array. Gibt das entfernte Element zurück.

```
let browser = ["Chrome", "Firefox", "Safari", "Edge"];
let entfernterBrowser = browser.pop();

console.log(browser);        // *Ausgabe: [ 'Chrome', 'Firefox',
'Safari' ]*
console.log(entfernterBrowser);// *Ausgabe: Edge*
```

- unshift(element1, element2, ...): Fügt ein oder mehrere Elemente am **Anfang** des Arrays hinzu. Gibt die neue length des Arrays zurück. (Hinweis: Kann bei sehr großen Arrays weniger effizient sein als push, da alle vorhandenen Elemente neu indiziert werden müssen).

```
let buchstaben = ["C", "D"];
let neueLaenge2 = buchstaben.unshift("A", "B");

console.log(buchstaben);     // *Ausgabe: [ 'A', 'B', 'C', 'D' ]*
console.log(neueLaenge2); // *Ausgabe: 4*
```

- shift(): Entfernt das **erste** Element aus dem Array. Gibt das entfernte Element zurück. (Wie unshift kann dies bei großen Arrays weniger effizient sein).

```
let warteschlange = ["Erster", "Zweiter", "Dritter"];
let naechsterInReihe = warteschlange.shift();

console.log(warteschlange);      // *Ausgabe: [ 'Zweiter', 'Dritter' ]*
console.log(naechsterInReihe); // *Ausgabe: Erster*
```

Ausschneiden und Einfügen (Slicing and Splicing)

Diese Methoden befassen sich mit Teilen des Arrays.

- slice(startindex, endindex): Gibt ein **neues** Array zurück, das eine flache Kopie eines Teils des ursprünglichen Arrays enthält, vom startindex (einschließlich) bis zum endindex (ausschließlich). **Es modifiziert das ursprüngliche Array nicht.**

  - Wenn endindex weggelassen wird, schneidet es bis zum Ende des Arrays.
  - Wenn startindex weggelassen wird (oder 0 ist), schneidet es vom Anfang.

- Negative Indizes können verwendet werden, um vom Ende zu zählen (-1 ist das letzte Element, -2 das zweitletzte usw.).

```
let tiere = ["Ameise", "Bison", "Kamel", "Ente", "Elefant"];

// Hole Elemente von Index 2 ('Kamel') bis (ausschließlich) Index 4
('Elefant')
let mittlereTiere = tiere.slice(2, 4);
console.log(mittlereTiere); // *Ausgabe: [ 'Kamel', 'Ente' ]*

// Hole Elemente von Index 1 ('Bison') bis zum Ende
let alleAusserErstes = tiere.slice(1);
console.log(alleAusserErstes); // *Ausgabe: [ 'Bison', 'Kamel', 'Ente',
'Elefant' ]*

// Hole die letzten zwei Elemente
let letzteZwei = tiere.slice(-2);
console.log(letzteZwei); // *Ausgabe: [ 'Ente', 'Elefant' ]*

// Erstelle eine Kopie des gesamten Arrays
let tiereKopie = tiere.slice();
console.log(tiereKopie); // *Ausgabe: [ 'Ameise', 'Bison', 'Kamel',
'Ente', 'Elefant' ]*

console.log("Ursprüngliches Array ist unverändert:", tiere);
// *Ausgabe: Ursprüngliches Array ist unverändert: [ 'Ameise', 'Bison',
'Kamel', 'Ente', 'Elefant' ]*
```

- splice(startindex, anzahlLoeschen, element1, element2, ...): **Ändert das ursprüngliche Array**, indem Elemente entfernt, ersetzt oder hinzugefügt werden. Gibt ein Array zurück, das die gelöschten Elemente enthält (falls vorhanden).

   - startindex: Der Index, an dem mit der Änderung des Arrays begonnen werden soll.
   - anzahlLoeschen: Die Anzahl der zu entfernenden Elemente (beginnend bei startindex).
   - element1, element2, ... (optional): Elemente, die dem Array am startindex hinzugefügt werden sollen, nachdem Elemente entfernt wurden.

```
let monate = ["Jan", "März", "April", "Juni"];
console.log("Original:", monate); // *Ausgabe: Original: [ 'Jan',
'März', 'April', 'Juni' ]*
```

```
// Füge 'Feb' am Index 1 ein
// Beginne bei Index 1, lösche 0 Elemente, füge 'Feb' hinzu
let geloescht1 = monate.splice(1, 0, "Feb");
console.log("Nach Einfügen:", monate);   // *Ausgabe: Nach Einfügen:
[ 'Jan', 'Feb', 'März', 'April', 'Juni' ]*
console.log("Gelöscht:", geloescht1); // *Ausgabe: Gelöscht: []*

// Ersetze 'April' durch 'Mai'
// Beginne bei Index 3 ('April'), lösche 1 Element, füge 'Mai' hinzu
let geloescht2 = monate.splice(3, 1, "Mai");
console.log("Nach Ersetzen:", monate);   // *Ausgabe: Nach Ersetzen:
[ 'Jan', 'Feb', 'März', 'Mai', 'Juni' ]*
console.log("Gelöscht:", geloescht2); // *Ausgabe: Gelöscht:
[ 'April' ]*

// Entferne 'Juni' (Index 4)
// Beginne bei Index 4, lösche 1 Element
let geloescht3 = monate.splice(4, 1);
console.log("Nach Entfernen:", monate);   // *Ausgabe: Nach Entfernen: [
'Jan', 'Feb', 'März', 'Mai' ]*
console.log("Gelöscht:", geloescht3); // *Ausgabe: Gelöscht: [ 'Juni' ]*
```

Da splice das ursprüngliche Array modifiziert, verwende es mit Vorsicht. Verwende slice, wenn du einen Teil benötigst, ohne die Quelle zu ändern.

Elemente finden

- indexOf(suchelement, vonIndex): Durchsucht das Array nach suchelement und gibt den **ersten Index** zurück, an dem es gefunden wird. Wenn das Element nicht gefunden wird, gibt es -1 zurück.

  - vonIndex (optional): Der Index, ab dem die Suche gestartet werden soll.

```
let werkzeuge = ["Hammer", "Schraubenschlüssel", "Schraubendreher",
"Schraubenschlüssel"];

console.log(werkzeuge.indexOf("Schraubenschlüssel")); // *Ausgabe: 1
(findet den ersten 'Schraubenschlüssel')*
console.log(werkzeuge.indexOf("Zange")); // *Ausgabe: -1 (nicht
gefunden)*

// Finde 'Schraubenschlüssel', beginnend mit der Suche ab Index 2
console.log(werkzeuge.indexOf("Schraubenschlüssel", 2)); // *Ausgabe: 3*
```

- includes(suchelement, vonIndex): Prüft, ob ein Array suchelement enthält, und gibt true oder false zurück. Dies ist oft einfacher und klarer als zu prüfen, ob indexOf -1 zurückgibt.

    - vonIndex (optional): Der Index, ab dem die Suche gestartet werden soll.

```
let haustiere = ["katze", "hund", "kaninchen"];

console.log(haustiere.includes("hund"));    // *Ausgabe: true*
console.log(haustiere.includes("fisch"));   // *Ausgabe: false*

// Prüfe auf 'katze', beginnend ab Index 1
console.log(haustiere.includes("katze", 1)); // *Ausgabe: false*
```

Es gibt noch viele weitere Array-Methoden (wie map, filter, reduce, sort usw.), die leistungsstarke Datentransformationen ermöglichen. Wir werden einige davon in späteren Kapiteln kennenlernen, wenn wir fortgeschrittenere Konzepte untersuchen, insbesondere funktionale Programmiermuster.

Über Arrays iterieren mit Schleifen

Wie in Kapitel 5 vorab gezeigt, sind Schleifen unerlässlich, um jedes Element in einem Array zu verarbeiten.

Die Standard-for-Schleife

Dieser klassische Ansatz gibt dir Zugriff sowohl auf den Index (i) als auch auf das Element (array[i]).

```
let punktzahlen = [85, 92, 78, 99];
let gesamt = 0;

for (let i = 0; i < punktzahlen.length; i++) {
  console.log(`Verarbeite Punktzahl am Index ${i}: ${punktzahlen[i]}`);
  gesamt += punktzahlen[i]; // *Füge aktuelle Punktzahl zur Summe hinzu*
}

let durchschnitt = gesamt / punktzahlen.length;
console.log(`Gesamtpunktzahl: ${gesamt}`);     // *Ausgabe: Gesamtpunktzahl:
354*
console.log(`Durchschnittliche Punktzahl: ${durchschnitt}`); // *Ausgabe:
Durchschnittliche Punktzahl: 88.5*
```

Die `for...of`-Schleife

Wenn du nur den **Wert** jedes Elements und nicht seinen Index benötigst, bietet die `for...of`-Schleife (eingeführt in ES6) eine sauberere Syntax:

```
let namen = ["Alice", "Bob", "Charlie"];

console.log("Gästeliste:");
for (let name of namen) {
  // 'name' enthält direkt den Elementwert in jeder Iteration
  console.log(`- Willkommen, ${name}!`);
}

// *Ausgabe:*
// Gästeliste:
// - Willkommen, Alice!
// - Willkommen, Bob!
// - Willkommen, Charlie!
```

Die `forEach`-Methode

Arrays haben auch eine `forEach`-Methode, die eine bereitgestellte Funktion einmal für jedes Array-Element ausführt. Dies verwendet eine "Callback"-Funktion, ein Konzept, das wir gründlicher untersuchen werden, wenn wir tiefer in Funktionen eintauchen (Kapitel 8).

```
let einkaufsliste = ["Milch", "Brot", "Eier"];

console.log("Einkaufsliste:");
einkaufsliste.forEach(function(artikel, index) {
  // *Die Funktion erhält den Artikel und seinen Index*
  console.log(`Artikel ${index + 1}: ${artikel}`);
});

// *Ausgabe:*
// Einkaufsliste:
// Artikel 1: Milch
// Artikel 2: Brot
// Artikel 3: Eier
```

Vorerst sind die Standard-for-Schleife und die `for...of`-Schleife hervorragende Werkzeuge für die Array-Iteration.

Kapitelzusammenfassung

In diesem Kapitel haben wir **Arrays** kennengelernt, die grundlegende Struktur von JavaScript zum Speichern geordneter Datensammlungen. Wir haben gesehen, wie man Arrays mit **Array-Literalen** `[]` erstellt und wie man auf ihre Elemente über **null-basierte Indizes** mit Klammernotation `arrayName[index]` zugreift und sie modifiziert. Wir haben die dynamische `length`-Eigenschaft untersucht, die uns die Größe des Arrays mitteilt. Anschließend haben wir uns mit wesentlichen **Array-Methoden** zur Manipulation von Arrays befasst: Hinzufügen/Entfernen von Elementen (`push`, `pop`, `unshift`, `shift`), Abrufen von Teilen (`slice`), Modifizieren an Ort und Stelle (`splice`) und Finden von Elementen (`indexOf`, `includes`). Schließlich haben wir wiederholt, wie man Array-Elemente mit Schleifen verarbeitet, und dabei die Standard-`for`-Schleife, die praktische `for...of`-Schleife und die `forEach`-Methode hervorgehoben.

Arrays sind perfekt für geordnete Listen, bei denen die Position (Index) eine Rolle spielt. Manchmal müssen wir jedoch Daten speichern, bei denen Elemente durch beschreibende Bezeichnungen statt durch numerische Positionen identifiziert werden, z. B. beim Speichern von Eigenschaften eines Benutzers (Name, E-Mail, Alter). Dafür bietet JavaScript eine weitere entscheidende Datenstruktur: **Objekte**. Im nächsten Kapitel werden wir uns mit Objekten befassen und sehen, wie sie es uns ermöglichen, komplexere, strukturierte Daten mithilfe von Schlüssel-Wert-Paaren darzustellen.

7

Objekte

Im letzten Kapitel haben wir Arrays untersucht – JavaScripts Methode zum Speichern geordneter Listen von Elementen, wie eine Einkaufsliste oder eine Abfolge von Schritten. Wir haben auf Elemente über ihre numerische Position oder ihren Index zugegriffen. Arrays sind fantastisch, wenn die Reihenfolge wichtig ist und du nur eine Liste benötigst. Aber was ist, wenn du etwas mit mehr Struktur darstellen musst, bei dem jedes Datenelement eine spezifische Bezeichnung oder Beschreibung hat?

Denk darüber nach, wie du ein Auto beschreiben würdest. Du würdest nicht einfach seine Attribute auflisten wie ["Rot", 2022, "Limousine", "Toyota"]. Es ist viel klarer, jedes Teil zu benennen: Farbe ist "Rot", Jahr ist 2022, Typ ist "Limousine", Marke ist "Toyota". Diese beschriftete Struktur ist genau das, was **Objekte** in JavaScript bieten. Während Arrays wie geordnete, nummerierte Listen sind, ähneln Objekte eher Wörterbüchern oder Aktenschränken, in denen du Informationen unter spezifischen benannten Etiketten (Schlüsseln) speicherst.

Was ist ein Objekt?

In JavaScript ist ein Objekt eine Sammlung zusammengehöriger Daten und/oder Funktionalität. Im Gegensatz zu Arrays, die numerische Indizes verwenden, speichern Objekte Daten in **Schlüssel-Wert-Paaren**. Diese Paare werden oft als **Eigenschaften** (Properties) bezeichnet.

- **Schlüssel (Key):** Ein String (oder, seltener für Anfänger, ein Symbol), der als eindeutiger Bezeichner für einen Wert innerhalb des Objekts dient. Stell ihn dir als Etikett auf einem Behälter oder ein Wort in einem Wörterbuch vor.
- **Wert (Value):** Die tatsächlichen Daten, die mit dem Schlüssel verbunden sind. Dies kann *jeder* JavaScript-Datentyp sein – ein String, eine Zahl, ein Boolean, ein Array, sogar ein anderes Objekt!

Hauptmerkmale von Objekten:

- **Ungeordnet (Historisch):** Traditionell war die Reihenfolge der Eigenschaften in einem JavaScript-Objekt nicht garantiert. Obwohl modernes JavaScript die Eigenschaftenreihenfolge in vielen Situationen vorhersehbarer gemacht hat (insbesondere für Nicht-Ganzzahl-Schlüssel), solltest du dich im Allgemeinen nicht auf eine bestimmte Reihenfolge verlassen, wenn du mit Objekteigenschaften arbeitest, im Gegensatz zu Arrays, bei denen die Reihenfolge fundamental ist.
- **Schlüsselbasierter Zugriff:** Du greifst über ihre entsprechenden Schlüssel auf Werte zu, nicht über numerische Indizes.
- **Modellierung:** Objekte eignen sich perfekt zur Modellierung von Dingen aus der realen Welt (wie ein Benutzer, ein Produkt, eine Konfiguration) oder abstrakten Konzepten, die unterschiedliche Eigenschaften haben.

Objekte erstellen

Genau wie Arrays eine Literal-Syntax ([]) haben, haben auch Objekte eine solche, die die gebräuchlichste und empfohlene Methode zur Erstellung ist: die **Objekt-Literal-Syntax** unter Verwendung von geschweiften Klammern {}.

Innerhalb der geschweiften Klammern definierst du die Eigenschaften als Schlüssel: Wert-Paare, getrennt durch Kommas.

```
// Ein leeres Objekt
let leeresObjekt = {};
console.log(leeresObjekt); // *Ausgabe: {}*

// Ein Objekt, das einen Benutzer repräsentiert
let benutzer = {
  vorname: "Grace", // *'vorname' ist der Schlüssel, "Grace" ist der Wert*
  nachname: "Hopper",
  beruf: "Computerwissenschaftlerin",
  istAdmin: true,
  anmeldungen: 99
```

```
};
console.log(benutzer);
// *Ausgabe: { vorname: 'Grace', nachname: 'Hopper',
// *          beruf: 'Computerwissenschaftlerin', istAdmin: true, anmeldungen: 99
}*


// Ein Objekt, das ein Buch repräsentiert
let buch = {
  titel: "Eloquent JavaScript",
  autor: "Marijn Haverbeke",
  "erscheinungsjahr": 2018, // *Schlüssel mit Leerzeichen benötigt
Anführungszeichen*
  genres: ["Programmierung", "Webentwicklung", "JavaScript"], // *Wert ist ein
Array*
  istVerfuegbar: true
};
console.log(buch);
/* Ausgabe:
{
  titel: 'Eloquent JavaScript',
  autor: 'Marijn Haverbeke',
  'erscheinungsjahr': 2018,
  genres: [ 'Programmierung', 'Webentwicklung', 'JavaScript' ],
  istVerfuegbar: true
}
*/
```

Schlüsselbenennung:

- Wenn der Schlüssel ein gültiger JavaScript-Bezeichner ist (beginnt mit einem Buchstaben, _ oder $, und enthält nur Buchstaben, Zahlen, _ oder $), kannst du ihn direkt ohne Anführungszeichen schreiben (wie vorname). Dies ist der bevorzugte Stil, wenn möglich.
- Wenn der Schlüssel Leerzeichen, Sonderzeichen enthält oder mit einer Zahl beginnt, **musst** du ihn in Anführungszeichen (einfache oder doppelte) einschließen, wie "erscheinungsjahr".

Auf Objekteigenschaften zugreifen

Sobald du ein Objekt hast, benötigst du eine Möglichkeit, die darin gespeicherten Werte abzurufen. JavaScript bietet zwei primäre Methoden für den Zugriff auf Objekteigenschaften:

Punktnotation

Dies ist die gebräuchlichste und oft bevorzugte Methode, wenn der Eigenschaftsschlüssel ein gültiger Bezeichner ist. Du verwendest einfach den Objektnamen gefolgt von einem Punkt (.) und dann dem Eigenschaftsschlüssel.

```
let raumschiff = {
  name: "Millennium Falcon",
  pilot: "Han Solo",
  maxGeschwindigkeit: "105 MGLT",
  ladekapazitaet: 100000 // *in kg*
};

// Zugriff auf Eigenschaften mittels Punktnotation
let schiffsName = raumschiff.name;
let pilotName = raumschiff.pilot;

console.log(`Schiff: ${schiffsName}`);      // *Ausgabe: Schiff: Millennium
Falcon*
console.log(`Pilot: ${pilotName}`); // *Ausgabe: Pilot: Han Solo*

// Du kannst Punktnotation auch in Ausdrücken verwenden
let geschwindigkeitsBeschreibung = `Max. Geschwindigkeit ist $
{raumschiff.maxGeschwindigkeit}`;
console.log(geschwindigkeitsBeschreibung); // *Ausgabe: Max. Geschwindigkeit ist
105 MGLT*
```

Punktnotation ist prägnant und im Allgemeinen leicht zu lesen.

Klammernotation

Die zweite Möglichkeit, auf Eigenschaften zuzugreifen, ist die Verwendung von eckigen Klammern [], ähnlich wie beim Zugriff auf Array-Elemente. Anstelle eines numerischen Index platzierst du jedoch den **Schlüssel** (normalerweise als String) in die Klammern.

```
let produkt = {
  id: "XYZ-123",
  "produktname": "Kabellose Maus", // *Schlüssel mit Leerzeichen*
  preis: 25.99,
  aufLager: true
};

// Zugriff mittels Klammernotation
```

```
let produktId = produkt['id'];
console.log(`Produkt-ID: ${produktId}`); // *Ausgabe: Produkt-ID: XYZ-123*

// Klammernotation ist ERFORDERLICH für Schlüssel, die keine gültigen Bezeichner
sind
let produktName = produkt['produktname'];
console.log(`Name: ${produktName}`); // *Ausgabe: Name: Kabellose Maus*
// *produkt."produktname" würde einen Syntaxfehler verursachen*

// Du kannst auch eine Variable verwenden, die den Schlüsselnamen enthält
let schluesselFuerZugriff = "preis";
let produktPreis = produkt[schluesselFuerZugriff]; // *Zugriff mittels Variable*
console.log(`Preis: ${produktPreis} €`); // *Ausgabe: Preis: 25.99 €*
```

Wann Klammernotation verwenden:

1. Wenn der Eigenschaftsschlüssel Leerzeichen, Sonderzeichen enthält oder mit einer Zahl beginnt (d. h. kein gültiger Bezeichner ist).
2. Wenn der Eigenschaftsschlüssel in einer Variablen gespeichert ist oder zur Laufzeit dynamisch ermittelt wird.

Wenn der Schlüssel ein einfacher, gültiger Bezeichner ist, wird im Allgemeinen die Punktnotation wegen ihres saubereren Aussehens bevorzugt.

Zugriff auf nicht existierende Eigenschaften: Genau wie bei Arrays führt der Versuch, auf eine Eigenschaft zuzugreifen, die in einem Objekt nicht existiert, zu undefined, nicht zu einem Fehler.

```
let person = { name: "Alice", alter: 30 };
console.log(person.email); // *Ausgabe: undefined*
```

Objekteigenschaften ändern

Du kannst den mit einem vorhandenen Schlüssel verbundenen Wert einfach ändern, indem du entweder Punkt- oder Klammernotation in Kombination mit dem Zuweisungsoperator (=) verwendest.

```
let einstellungen = {
  thema: "hell",
  schriftgroesse: 14,
  benachrichtigungenAktiviert: true
};
```

```
console.log("Ursprüngliche Einstellungen:", einstellungen);
/* Ausgabe:
Ursprüngliche Einstellungen: { thema: 'hell', schriftgroesse: 14,
benachrichtigungenAktiviert: true }
*/


// Änderung mittels Punktnotation
einstellungen.thema = "dunkel";


// Änderung mittels Klammernotation
einstellungen['schriftgroesse'] = 16;


console.log("Aktualisierte Einstellungen:", einstellungen);
/* Ausgabe:
Aktualisierte Einstellungen: { thema: 'dunkel', schriftgroesse: 16,
benachrichtigungenAktiviert: true }
*/
```

Eigenschaften hinzufügen und löschen

Objekte sind dynamisch; du kannst neue Eigenschaften hinzufügen oder vorhandene entfernen, nachdem das Objekt erstellt wurde.

Eigenschaften hinzufügen

Um eine neue Eigenschaft hinzuzufügen, weise einfach einem neuen Schlüssel einen Wert zu, entweder mittels Punkt- oder Klammernotation. Wenn der Schlüssel nicht existiert, erstellt JavaScript ihn für dich.

```
let charakter = {
  name: "Frodo",
  rasse: "Hobbit"
};
console.log("Vor Hinzufügen:", charakter);
// *Ausgabe: Vor Hinzufügen: { name: 'Frodo', rasse: 'Hobbit' }*

// Eigenschaften mittels Punktnotation hinzufügen
charakter.hatRing = true;

// Eigenschaften mittels Klammernotation hinzufügen
charakter["heimatstadt"] = "Das Auenland";

console.log("Nach Hinzufügen:", charakter);
/* Ausgabe:
```

```
Nach Hinzufügen: {
  name: 'Frodo',
  rasse: 'Hobbit',
  hatRing: true,
  'heimatstadt': 'Das Auenland'
}
*/
```

Eigenschaften löschen

Um eine Eigenschaft (sowohl den Schlüssel als auch seinen Wert) vollständig aus einem Objekt zu entfernen, verwendest du den delete-Operator.

```
let kurs = {
  titel: "Einführung in JS",
  dauer: "10 Wochen",
  dozent: "Dr. Script",
  plattform: "Online"
};
console.log("Vor Löschen:", kurs);
/* Ausgabe:
Vor Löschen: {
  titel: 'Einführung in JS',
  dauer: '10 Wochen',
  dozent: 'Dr. Script',
  plattform: 'Online'
}
*/


// Lösche die 'plattform'-Eigenschaft
delete kurs.plattform;
// *Du könntest auch verwenden: delete kurs['plattform'];*

console.log("Nach Löschen:", kurs);
/* Ausgabe:
Nach Löschen: {
  titel: 'Einführung in JS',
  dauer: '10 Wochen',
  dozent: 'Dr. Script'
}
*/


console.log(kurs.plattform); // *Ausgabe: undefined*
```

Der delete-Operator gibt true zurück, wenn das Löschen erfolgreich war (oder wenn die Eigenschaft nicht existierte) und false, wenn die Eigenschaft nicht gelöscht werden kann (was bei einfachen Objekteigenschaften selten vorkommt). Obwohl funktional, kann die übermäßige Verwendung von delete manchmal die Leistung in hoch optimierten Szenarien beeinträchtigen, aber für die meisten gängigen Anwendungen ist es völlig in Ordnung.

Objekte können alles enthalten (sogar Funktionen!)

Die Werte, die mit Schlüsseln in einem Objekt verbunden sind, sind nicht auf einfache Primitive wie Strings oder Zahlen beschränkt. Sie können auch komplexe Datenstrukturen enthalten.

```
let projekt = {
  projektName: "Website Redesign",
  status: "In Arbeit",
  faelligkeitsdatum: "2024-12-31",
  teamMitglieder: ["Alice", "Bob", "Charlie"], // *Array als Wert*
  kunde: { // *Anderes Objekt als Wert (verschachteltes Objekt)*
    name: "Acme Corp",
    ansprechpartner: "Diana Prince"
  }
};

// Zugriff auf verschachtelte Daten
console.log(projekt.projektName); // *Ausgabe: Website Redesign*
console.log(projekt.teamMitglieder[1]); // *Zugriff auf Array-Element: Ausgabe:
Bob*
console.log(projekt.kunde.ansprechpartner); // *Zugriff auf verschachtelte
Objekteigenschaft: Ausgabe: Diana Prince*
```

Methoden

Eine der mächtigsten Funktionen von Objekten ist, dass ihre Eigenschaftswerte **Funktionen** sein können. Wenn eine Funktion als Eigenschaft eines Objekts gespeichert wird, wird sie als **Methode** bezeichnet. Methoden definieren Verhaltensweisen oder Aktionen, die das Objekt ausführen kann, und operieren oft auf den eigenen Daten des Objekts.

```
let rechner = {
  operand1: 0,
  operand2: 0,

  // Methode zum Setzen der Operanden
  setzeOperanden: function(num1, num2) {
    this.operand1 = num1;
    this.operand2 = num2;
    console.log(`Operanden gesetzt auf ${num1} und ${num2}`);
  },

  // Methode zur Durchführung der Addition
  addiere: function() {
    let ergebnis = this.operand1 + this.operand2;
    console.log(`Additions-Ergebnis: ${ergebnis}`);
    return ergebnis;
  },

  // Methode zur Durchführung der Subtraktion
  subtrahiere: function() {
    let ergebnis = this.operand1 - this.operand2;
     console.log(`Subtraktions-Ergebnis: ${ergebnis}`);
    return ergebnis;
  }
};

// Rufe die Methoden mittels Punktnotation auf
rechner.setzeOperanden(10, 5); // *Ausgabe: Operanden gesetzt auf 10 und 5*
rechner.addiere();             // *Ausgabe: Additions-Ergebnis: 15*
rechner.subtrahiere();         // *Ausgabe: Subtraktions-Ergebnis: 5*
```

Beachte, wie Methoden genauso wie reguläre Funktionsausdrücke (die wir in Kapitel 8 formell behandeln werden) definiert und einem Schlüssel zugewiesen werden. Du rufst sie mit Punktnotation gefolgt von Klammern () auf, genau wie einen regulären Funktionsaufruf.

Ein erster Blick auf this

Innerhalb der rechner-Methoden hast du das Schlüsselwort this gesehen (this.operand1, this.operand2). Was bedeutet this?

Im Kontext einer Objektmethode, die mittels Punktnotation aufgerufen wird (wie rechner.addiere()), bezieht sich this typischerweise auf **das Objekt selbst** – das Objekt, auf dem die Methode aufgerufen wurde. Innerhalb von addiere() bezieht sich `this` also auf das `rechner`-Objekt. Dies ermöglicht es der `addiere`-Methode, auf andere Eigenschaften *desselben Objekts* zuzugreifen, wie `operand1` und `operand2`.

Ohne `this` wüsste die `addiere`-Funktion nicht inhärent, welches `operand1` oder `operand2` sie verwenden soll, wenn es anderswo mehrere Rechner oder Variablen mit diesen Namen gäbe. `this` stellt Kontext bereit und verknüpft die Ausführung der Methode mit der spezifischen Objektinstanz.

Das Verhalten von `this` ist tatsächlich eines der komplexeren Themen in JavaScript und hängt stark davon ab, *wie* eine Funktion aufgerufen wird. Wir werden später noch detaillierter darauf zurückkommen, aber verstehe vorerst, dass innerhalb einer Methode, die wie `objekt.methode()` aufgerufen wird, `this` normalerweise auf `objekt` zeigt.

Kapitelzusammenfassung

Dieses Kapitel führte **Objekte** ein, JavaScripts Methode zur Speicherung strukturierter Daten mithilfe von **Schlüssel-Wert-Paaren** (Eigenschaften). Wir lernten die primäre Methode zur Erstellung mittels **Objekt-Literal-Syntax** {}. Wir untersuchten die beiden Methoden zum Zugriff und zur Änderung von Eigenschaften: **Punktnotation** (`objekt.eigenschaft`) für gültige Bezeichner und **Klammernotation** (`objekt['eigenschaft']`) für Schlüssel mit Sonderzeichen oder bei Verwendung von Variablen. Wir sahen, wie man dynamisch Eigenschaften durch Zuweisung **hinzufügt** und sie mit dem `delete`-Operator **entfernt**. Entscheidend war, dass wir lernten, dass Objektwerte jeden Datentyp haben können, einschließlich anderer Objekte (Verschachtelung) und Funktionen. Wenn Funktionen als Eigenschaften gespeichert werden, werden sie zu **Methoden**, die das Verhalten des Objekts definieren. Wir hatten auch unsere erste Begegnung mit dem `this`-Schlüsselwort innerhalb von Methoden und verstanden seine Rolle bei der Bereitstellung von Kontext und der Ermöglichung des Zugriffs von Methoden auf die eigenen Eigenschaften ihres Objekts.

Objekte und Arrays sind die primären Methoden, wie du Daten in JavaScript organisieren wirst. Nachdem wir nun gesehen haben, wie Funktionen *innerhalb* von Objekten als Methoden gespeichert werden können, ist es an der Zeit, sich Funktionen selbst genauer anzusehen. Im nächsten Kapitel werden wir untersuchen, wie man **Funktionen** als wiederverwendbare Codeblöcke definiert und verwendet, und dabei Parameter, Rückgabewerte und Gültigkeitsbereiche verstehen – Konzepte, die für das Schreiben von organisiertem, modularem und effizientem JavaScript-Code unerlässlich sind.

8

Funktionen

Im vorigen Kapitel haben wir Objekte untersucht und gesehen, wie sie nicht nur Daten (Eigenschaften), sondern auch Aktionen (Methoden, die als Eigenschaften gespeicherte Funktionen sind) enthalten können. Diese Idee, Code zu bündeln, der eine bestimmte Aufgabe erfüllt, ist unglaublich mächtig und fundamental für die Programmierung. Stell dir vor, du musst die Fläche eines Rechtecks mehrmals in deinem Programm mit unterschiedlichen Abmessungen berechnen oder den Namen eines Benutzers konsistent in verschiedenen Teilen deiner Anwendung formatieren. Dieselbe Logik überall hin zu kopieren und einzufügen wäre ineffizient und ein Albtraum bei Aktualisierungen, wenn sich die Logik ändern müsste.

Dieses Kapitel taucht tief in **Funktionen** ein, den primären Mechanismus in JavaScript zur Erstellung wiederverwendbarer, benannter Codeblöcke. Stell dir Funktionen wie Mini-Programme innerhalb deines größeren Programms vor oder wie spezialisierte Werkzeuge in einer Werkstatt – du definierst das Werkzeug einmal (wie ein Rezept) und verwendest es dann immer dann, wenn du diese spezielle Arbeit erledigen musst. Die Beherrschung von Funktionen ist unerlässlich für das Schreiben von organisiertem, wartbarem und nicht-repetitivem Code.

Warum Funktionen verwenden? Das DRY-Prinzip

Wie bereits erwähnt, besteht der Hauptgrund für die Verwendung von Funktionen darin, Wiederholungen zu vermeiden. Dies steht im Einklang mit dem **DRY (Don't Repeat Yourself)**-Prinzip, einem Eckpfeiler guter Softwareentwicklung. Aber die Vorteile gehen über die reine Vermeidung von Wiederholungen hinaus:

- **Wiederverwendbarkeit:** Definiere eine Logik einmal und rufe sie von mehreren Stellen in deinem Code auf.
- **Organisation:** Zerlege komplexe Programme in kleinere, überschaubare, logische Einheiten. Jede Funktion übernimmt eine spezifische Aufgabe, was die Gesamtstruktur klarer macht.
- **Lesbarkeit:** Gib Codeblöcken beschreibende Namen, was das Verständnis dessen, was der Code tut, erleichtert, ohne jede Zeile der Implementierung lesen zu müssen. Zum Beispiel ist `berechneGesamtpreis()` sofort verständlicher als mehrere Zeilen arithmetischer Operationen.
- **Wartbarkeit:** Wenn du einen Fehler beheben oder die Logik für eine bestimmte Aufgabe aktualisieren musst, musst du dies nur innerhalb der entsprechenden Funktionsdefinition ändern. Die Änderung wirkt sich automatisch überall dort aus, wo die Funktion aufgerufen wird.
- **Abstraktion:** Funktionen verbergen die Komplexität, *wie* eine Aufgabe erledigt wird. Wenn du eine Funktion aufrufst, musst du nur wissen, *was* sie tut (und welche Eingaben sie benötigt), nicht unbedingt die komplizierten Details ihrer internen Funktionsweise.

Funktionen definieren

Bevor du eine Funktion verwenden (oder "aufrufen") kannst, musst du sie definieren. JavaScript bietet zwei Hauptmöglichkeiten, Funktionen zu definieren: Funktionsdeklarationen und Funktionsausdrücke.

Funktionsdeklarationen

Dies wird oft als die "klassische" Art betrachtet, eine Funktion zu definieren. Sie beginnt mit dem Schlüsselwort `function`, gefolgt vom Namen der Funktion, einer Liste von Parametern in runden Klammern `()` und dem Codeblock (Funktionskörper) in geschweiften Klammern `{}`.

```
// Syntax der Funktionsdeklaration
function gruesseBenutzer(name) {
  // 'name' ist ein Parameter
  let nachricht = `Hallo, ${name}! Willkommen.`;
  console.log(nachricht);
}

function berechneRechteckFlaeche(breite, hoehe) {
  // 'breite' und 'hoehe' sind Parameter
  let flaeche = breite * hoehe;
  return flaeche; // *Gibt den berechneten Wert zurück*
}
```

- function-**Schlüsselwort**: Signalisiert den Beginn einer Funktionsdefinition.
- **Funktionsname** (gruesseBenutzer, berechneRechteckFlaeche): Ein beschreibender Name, der den Standard-Variablennamenkonventionen folgt (camelCase ist üblich). Dieser Name wird verwendet, um die Funktion später aufzurufen.
- **Parameter** (name, breite, hoehe): Variablen, die innerhalb der runden Klammern aufgelistet sind. Sie fungieren als Platzhalter für die Eingabewerte (Argumente), die die Funktion beim Aufruf erhält. Eine Funktion kann null oder mehr Parameter haben, getrennt durch Kommas.
- **Funktionskörper** ({...}): Der Codeblock, der die Anweisungen enthält, die die Aufgabe der Funktion ausführen. Variablen, die innerhalb des Funktionskörpers deklariert werden (wie nachricht und flaeche oben), sind typischerweise lokal für diese Funktion (mehr zum Gültigkeitsbereich später).
- return-**Anweisung (optional)**: Gibt den Wert an, den die Funktion an den aufrufenden Code zurückgeben soll. Wir werden return gleich im Detail besprechen.

Ein Hauptmerkmal von Funktionsdeklarationen ist **Hoisting**. JavaScript verschiebt konzeptionell Funktions-*Deklarationen* (aber nicht Funktions-*Ausdrücke*) vor der Codeausführung an den Anfang ihres Gültigkeitsbereichs. Das bedeutet, dass du technisch gesehen eine auf diese Weise deklarierte Funktion aufrufen kannst, *bevor* ihre tatsächliche Definition im Code erscheint (obwohl die Strukturierung des Codes mit Definitionen zuerst im Allgemeinen für die Lesbarkeit besser ist). Wir werden Hoisting in Kapitel 9 wieder aufgreifen.

Funktionsausdrücke

Eine andere Möglichkeit, eine Funktion zu definieren, besteht darin, eine Funktion zu erstellen und sie einer Variablen zuzuweisen. Dies wird als Funktionsausdruck bezeichnet.

```
// Syntax des Funktionsausdrucks
let sageAufWiedersehen = function(name) {
  console.log(`Auf Wiedersehen, ${name}!`);
}; // *Beachte das Semikolon hier, da es Teil einer Zuweisungsanweisung ist*

const findeQuadrat = function(zahl) {
  return zahl * zahl;
};
```

Hier hat die Funktion selbst nicht notwendigerweise einen Namen direkt nach dem `function`-Schlüsselwort (was sie zu einer **anonymen Funktion** macht). Stattdessen hält die Variable (`sageAufWiedersehen`, `findeQuadrat`) eine Referenz auf die Funktion, und du verwendest diesen Variablennamen, um sie aufzurufen.

- `let/const/var`: Du verwendest Standard-Schlüsselwörter zur Variablendeklaration.
- **Variablenname** (`sageAufWiedersehen`, `findeQuadrat`): So wirst du dich auf die Funktion beziehen.
- `=`: Der Zuweisungsoperator.
- `function(...) {...}`: Die Funktionsdefinition selbst (oft anonym).

Funktionsausdrücke werden **nicht** auf die gleiche Weise wie Deklarationen gehoisted. Während die Variablendeklaration (`let sageAufWiedersehen;`) möglicherweise gehoisted wird (abhängig von `let/const/var`), erfolgt die Funktions-*Zuweisung* erst, wenn die Ausführung diese Zeile erreicht. Das bedeutet, dass du eine per Ausdruck definierte Funktion **nicht** aufrufen kannst, *bevor* die Zeile steht, in der sie definiert wird.

Deklaration vs. Ausdruck - Was verwenden? Beide sind gültig und weit verbreitet.

- Deklarationen sind oft einfacher für unkomplizierte benannte Funktionen und profitieren vom Hoisting (was manchmal hilfreich, manchmal verwirrend sein kann).
- Ausdrücke sind leistungsstark und ermöglichen es, Funktionen wie jeden anderen Wert zu behandeln – Variablen zugewiesen, als Argumente an andere

Funktionen übergeben usw. Sie sind wesentlich für Konzepte wie Callbacks und Closures (auf die wir später eingehen werden).

- Viele moderne JavaScript-Entwickler neigen dazu, Funktionsausdrücke (insbesondere mit `const`) oder die neuere Pfeilfunktionssyntax (Arrow Function Syntax, behandelt in Kapitel 18) zu verwenden, da sie mit `let` und `const` ein klareres Gültigkeitsbereichverhalten bieten können.

Verstehe vorerst, dass beide Formen existieren und wie sich ihre grundlegende Definition unterscheidet.

Funktionen aufrufen (Invoking)

Das Definieren einer Funktion führt ihren Code nicht aus. Es erstellt nur das Rezept. Um den Code innerhalb des Funktionskörpers tatsächlich auszuführen, musst du die Funktion **aufrufen** (oder **invoken**). Du tust dies, indem du den Namen der Funktion (oder den Variablennamen, der den Funktionsausdruck hält) gefolgt von runden Klammern () verwendest.

```
// Definiere die Funktionen (hier mit Deklarationen)
function zeigeBegruessung() {
  console.log("Hallo da!");
}

function addiereZahlen(zahl1, zahl2) {
  let summe = zahl1 + zahl2;
  console.log(`Die Summe ist: ${summe}`);
}

// Rufe die Funktionen auf
zeigeBegruessung(); // *Führt den Code innerhalb von zeigeBegruessung aus*
addiereZahlen(5, 7);  // *Führt addiereZahlen aus und übergibt 5 und 7 als
Argumente*

// *Ausgabe:*
// Hallo da!
// Die Summe ist: 12
```

Wenn du eine Funktion aufrufst, springt die Ausführung des Programms von der Aufrufstelle in den Körper der Funktion, führt die Anweisungen darin aus und kehrt dann (normalerweise) zu dem Punkt direkt nach dem Funktionsaufruf zurück.

Parameter und Argumente

Funktionen werden viel vielseitiger, wenn du Informationen *in* sie übergeben kannst.

- **Parameter:** Dies sind die Variablen, die in den Klammern der Funktionsdefinition aufgeführt sind (function funktionsName(param1, param2) {...}). Sie fungieren als benannte Platzhalter innerhalb der Funktion und warten darauf, Werte zu erhalten.
- **Argumente:** Dies sind die tatsächlichen Werte, die du angibst, wenn du die Funktion *aufrufst* (funktionsName(arg1, arg2)).

Wenn du eine Funktion aufrufst, werden die von dir übergebenen Argumente den entsprechenden Parametern basierend auf ihrer Reihenfolge zugewiesen.

```
function stelleHaustierVor(tierArt, tierName) {
  // 'tierArt' und 'tierName' sind Parameter
  console.log(`Ich habe einen ${tierArt} namens ${tierName}.`);
}


// Rufe die Funktion mit Argumenten auf
stelleHaustierVor("Katze", "Schnurri"); // *"Katze" wird tierArt zugewiesen,
"Schnurri" wird tierName zugewiesen*
stelleHaustierVor("Hund", "Bello");     // *"Hund" wird tierArt zugewiesen,
"Bello" wird tierName zugewiesen*


// *Ausgabe:*
// Ich habe einen Katze namens Schnurri.
// Ich habe einen Hund namens Bello.
```

Was passiert, wenn die Anzahl der Argumente nicht mit der Anzahl der Parameter übereinstimmt?

- **Zu wenige Argumente:** Wenn du weniger Argumente als Parameter übergibst, erhalten die Parameter, die kein Argument erhalten, den Standardwert undefined.

  ```
  function zeigeDetails(name, alter) {
    console.log(`Name: ${name}, Alter: ${alter}`);
  }
  zeigeDetails("Alice"); // *Parameter 'alter' erhält kein Argument*
  // *Ausgabe: Name: Alice, Alter: undefined*
  ```

- **Zu viele Argumente:** Wenn du mehr Argumente als Parameter übergibst, werden die zusätzlichen Argumente im Allgemeinen ignoriert (obwohl sie über ein spezielles arguments-Objekt innerhalb der Funktion zugänglich sind, das im modernen JS seltener verwendet wird).

```
function zeigeDetails(name, alter) {
  console.log(`Name: ${name}, Alter: ${alter}`);
}
zeigeDetails("Bob", 35, "Ingenieur"); // *Argument "Ingenieur" wird
ignoriert*
// *Ausgabe: Name: Bob, Alter: 35*
```

Werte zurückgeben (return)

Viele Funktionen führen eine Berechnung oder Aufgabe durch und müssen ein Ergebnis an den aufrufenden Code *zurücksenden*. Dies geschieht mit der return-Anweisung.

Wenn eine return-Anweisung innerhalb einer Funktion ausgeführt wird:

1. Die Funktion stoppt sofort ihre Ausführung (auch wenn nach dem return noch mehr Code vorhanden ist).
2. Der nach dem return-Schlüsselwort angegebene Wert wird als Ergebnis des Funktionsaufrufs zurückgesendet.

```
function multipliziere(num1, num2) {
  let produkt = num1 * num2;
  return produkt; // *Sende das berechnete Produkt zurück*

  // *Code hier würde nie ausgeführt, da er nach return steht*
  // console.log("Berechnung abgeschlossen!");
}

function formatiereBenutzernamen(vorname, nachname) {
    if (!vorname || !nachname) {
        return "Ungültiger Name angegeben"; // *Frühe Rückgabe bei schlechter
Eingabe*
    }
    return `${nachname}, ${vorname}`; // *Gib den formatierten String zurück*
}

// Rufe die Funktionen auf und speichere ihre Rückgabewerte
let ergebnis = multipliziere(6, 7);
```

```
console.log(ergebnis); // *Ausgabe: 42*

let formatierterName1 = formatiereBenutzernamen("Brendan", "Eich");
console.log(formatierterName1); // *Ausgabe: Eich, Brendan*

let formatierterName2 = formatiereBenutzernamen("Ada"); // *Fehlender Nachname*
console.log(formatierterName2); // *Ausgabe: Ungültiger Name angegeben*
```

Was ist, wenn eine Funktion keine return-Anweisung hat oder nur return;? Wenn eine Funktion ihr Ende erreicht, ohne eine return-Anweisung auszuführen, die einen Wert angibt, gibt sie implizit undefined zurück.

```
function protokolliereNachricht(nachricht) {
  console.log(nachricht);
  // *Keine explizite return-Anweisung*
}

let rueckgabeWert = protokolliereNachricht("Teste Rückgabewert"); //
*Protokolliert "Teste Rückgabewert"*
console.log(rueckgabeWert); // *Ausgabe: undefined*
```

Funktionen, die hauptsächlich zur Ausführung einer Aktion verwendet werden (wie das Protokollieren in der Konsole oder das Ändern des DOM), haben möglicherweise keine explizite return-Anweisung und geben implizit undefined zurück. Funktionen, die zur Berechnung eines Wertes entwickelt wurden, *müssen* return verwenden, um diesen Wert verfügbar zu machen.

Standardparameter

Vor ES6 erforderte die Handhabung von Fällen, in denen Argumente möglicherweise nicht übergeben wurden, oft die Überprüfung, ob ein Parameter innerhalb der Funktion undefined war, und die manuelle Zuweisung eines Standardwerts. Modernes JavaScript (ES6+) macht dies mit **Standardparametern** viel einfacher.

Du kannst einen Standardwert direkt in der Parameterliste mithilfe des Zuweisungs-operators (=) angeben. Wenn für diesen Parameter beim Funktionsaufruf kein Argument angegeben wird (oder wenn undefined explizit übergeben wird), wird stattdessen der Standardwert verwendet.

```
function gruesse(name = "Gast", begruessung = "Hallo") {
  // *'Gast' ist der Standard für name, 'Hallo' für begruessung*
```

```
    console.log(`${begruessung}, ${name}!`);
}

gruesse("Alice", "Hi"); // *Ausgabe: Hi, Alice!*
gruesse("Bob");         // *Verwendet Standardbegrüßung: Ausgabe: Hallo, Bob!*
gruesse(undefined, "Guten Morgen"); // *Verwendet Standardnamen: Ausgabe: Guten
Morgen, Gast!*
gruesse();              // *Verwendet beide Standards: Ausgabe: Hallo, Gast!*
```

Standardparameter machen Funktionsdefinitionen sauberer und robuster im Umgang mit optionalen Argumenten.

Funktions-Gültigkeitsbereich verstehen (Einführung)

Wo können Variablen, die innerhalb einer Funktion deklariert werden, zugegriffen werden? Dies bezieht sich auf das Konzept des **Gültigkeitsbereichs (Scope)**, das die Sichtbarkeit und Zugänglichkeit von Variablen definiert.

Eine grundlegende Regel lautet: **Variablen, die innerhalb einer Funktion deklariert werden (mit** let, const **oder** var**), sind im Allgemeinen lokal für diese Funktion.** Sie können nicht von außerhalb der Funktion zugegriffen werden.

```
function berechne() {
  let lokaleVariable = 100; // *Lokale Variable*
  const konstanteVariable = 200;
  console.log(`Innerhalb der Funktion: ${lokaleVariable}, $
{konstanteVariable}`);
}

berechne(); // *Ausgabe: Innerhalb der Funktion: 100, 200*

// *Der Versuch, auf lokale Variablen außerhalb der Funktion zuzugreifen,
verursacht einen Fehler:*
// console.log(lokaleVariable); // *ReferenceError: lokaleVariable is not
defined*
// console.log(konstanteVariable); // *ReferenceError: konstanteVariable is not
defined*
```

Dieser lokale Gültigkeitsbereich ist entscheidend. Er verhindert, dass Variablennamen, die innerhalb einer Funktion verwendet werden, versehentlich mit Variablen desselben Namens kollidieren, die an anderer Stelle in deinem Programm verwendet werden. Jede Funktion erstellt ihren eigenen privaten Arbeitsbereich.

Umgekehrt können Funktionen typischerweise auf Variablen zugreifen, die in ihrem **äußeren Gültigkeitsbereich** (der Umgebung, in der die Funktion definiert wurde) deklariert wurden. Dies wird als **lexikalischer Gültigkeitsbereich (Lexical Scoping)** bezeichnet.

```
let globaleNachricht = "Ich bin global!";

function zeigeNachrichten() {
  let lokaleNachricht = "Ich bin lokal!";
  console.log(lokaleNachricht);  // *Greift auf eigene lokale Variable zu*
  console.log(globaleNachricht); // *Greift auf Variable aus dem äußeren
(globalen) Gültigkeitsbereich zu*
}

zeigeNachrichten();
// *Ausgabe:*
// Ich bin lokal!
// Ich bin global!
```

Scope ist ein kritisches Konzept zum Verständnis des Verhaltens von Variablen in JavaScript, insbesondere bei verschachtelten Funktionen und Closures. Wir haben hier nur an der Oberfläche gekratzt. **Kapitel 9 wird sich ausschließlich der detaillierteren Untersuchung von Scope und Hoisting widmen.**

Kapitelzusammenfassung

Dieses Kapitel konzentrierte sich auf **Funktionen**, die Bausteine für die Erstellung wiederverwendbaren und organisierten Codes in JavaScript. Wir begründeten, *warum* Funktionen unerlässlich sind, betonten das **DRY-Prinzip** und Vorteile wie Wiederverwendbarkeit, Organisation und Wartbarkeit. Wir lernten die beiden Hauptmethoden zur Definition von Funktionen kennen: **Funktionsdeklarationen** (die gehoisted werden) und **Funktionsausdrücke** (Variablen zugewiesen, nicht gehoisted). Wir sahen, wie man Funktionen mit Klammern () **aufruft** und wie man Daten mithilfe von **Parametern** (in der Definition) und **Argumenten** (im Aufruf) an sie übergibt. Die entscheidende Rolle der `return`-Anweisung zum Senden von Werten *aus* Funktionen wurde erklärt, zusammen mit dem Konzept, dass Funktionen implizit undefined zurückgeben. Wir untersuchten auch moderne **Standardparameter** zur sauberen Handhabung optionaler Argumente. Schließlich warfen wir einen einführenden Blick auf den **Funktions-Gültigkeitsbereich** und stellten fest, dass innerhalb von Funktionen deklarierte Variablen typischerweise lokal sind, während Funktionen auf Variablen aus ihren äußeren Gültigkeitsbereichen zugreifen können.

Du verstehst jetzt, wie man Funktionen definiert und verwendet, um deinen Code effektiv zu strukturieren. Die kurze Einführung in den Gültigkeitsbereich deutete jedoch auf komplexere Interaktionen zwischen Funktionen und Variablen hin. Im nächsten Kapitel werden wir tief in die Regeln eintauchen, die den **Gültigkeitsbereich (Scope) und das Hoisting** in JavaScript regeln, und genau klären, wo Variablen und Funktionen leben und wie JavaScript ihre Deklarationen verarbeitet. Dieses Wissen ist entscheidend, um Fehler zu vermeiden und vorhersagbaren Code zu schreiben.

9

Scope und Hoisting

In Kapitel 8 haben wir gelernt, wie man mit Funktionen wiederverwendbare Codeblöcke erstellt. Wir haben gesehen, dass Variablen, die innerhalb einer Funktion deklariert werden, im Allgemeinen lokal für diese Funktion sind. Aber wie genau weiß JavaScript, welche Variablen wo zugänglich sind? Warum kann eine Funktion manchmal Variablen verwenden, die außerhalb von ihr definiert wurden? Und hast du dich jemals gefragt, ob es eine Rolle spielt, *wo* in deinem Code du eine Variable oder eine Funktion deklarierst?

Diese Fragen drehen sich um zwei grundlegende Konzepte in JavaScript: **Scope (Gültigkeitsbereich)** und **Hoisting**. Scope bestimmt die Sichtbarkeit und Zugänglichkeit von Variablen und Funktionen in verschiedenen Teilen deines Codes. Hoisting beschreibt, wie JavaScript Deklarationen handhabt, *bevor* der Code tatsächlich ausgeführt wird. Das Verständnis dieser Konzepte ist nicht nur akademisch; es ist entscheidend für das Schreiben von korrektem, vorhersagbarem und fehlerfreiem JavaScript-Code. Missverständnisse über Scope und Hoisting sind eine häufige Fehlerquelle, insbesondere für Anfänger. Lassen Sie uns diese Mysterien entwirren.

Was ist Scope?

Stell dir Scope als die Regeln vor, die festlegen, wo Variablen, Funktionen und Objekte innerhalb deines laufenden Codes zugänglich sind. Es ist wie die Sichtbarkeitsregeln in einem Gebäude: Jemand in der Lobby (globaler Scope) ist vielleicht für viele sichtbar, während jemand in einem privaten Büro (Funktions-Scope) nur innerhalb dieses Büros sichtbar ist, und jemand in einem bestimmten Besprechungsraum innerhalb dieses Büros (Block-Scope) vielleicht nur dort sichtbar ist.

Scope definiert die "Lebensdauer" und Zugänglichkeit von Variablen. Es verhindert, dass Variablen in verschiedenen Teilen deines Programms kollidieren oder sich gegenseitig stören, wenn sie zufällig denselben Namen haben. Es gibt verschiedene Arten von Scope in JavaScript, hauptsächlich:

1. **Globaler Scope (Global Scope)**
2. **Funktions-Scope (Function Scope)**
3. **Block-Scope (Block Scope)**

Schauen wir uns jeden einzelnen an.

Globaler Scope

Jede Variable oder Funktion, die *außerhalb* jeder Funktion oder jedes Blocks ({}) deklariert wird, befindet sich im **globalen Scope**. Variablen im globalen Scope sind von *überall* in deinem JavaScript-Code zugänglich – innerhalb von Funktionen, innerhalb von Blöcken, überall.

```
// 'appName' ist im globalen Scope
let appName = "Meine Tolle App";
const appVersion = "1.0";

function zeigeAppInfo() {
  console.log(`Läuft ${appName}, Version ${appVersion}`); // *Kann auf globale
Variablen zugreifen*

  // 'plattform' ist lokal für diese Funktion (Funktions-Scope)
  let plattform = "Webbrowser";
  console.log(`Plattform: ${plattform}`);
}

if (true) {
  // 'wirdUnterstuetzt' ist lokal für diesen Block (Block-Scope bei let/const)
  let wirdUnterstuetzt = true;
  console.log(`Wird ${appName} unterstützt? ${wirdUnterstuetzt}`); // *Kann auf
globale Variable zugreifen*
}

zeigeAppInfo();
// *console.log(plattform); // Fehler! plattform ist nicht global definiert*
```

```
// *console.log(wirdUnterstuetzt); // Fehler! wirdUnterstuetzt ist nicht global
definiert*
```

In einer Browserumgebung werden globale Variablen, die mit var (aber nicht let oder const) deklariert werden, auch zu Eigenschaften des globalen window-Objekts.

```
var globaleVar = "Ich bin auf dem window!";
let globalesLet = "Ich bin nicht direkt auf dem window.";

console.log(window.globaleVar); // *Ausgabe: Ich bin auf dem window!*
console.log(window.globalesLet); // *Ausgabe: undefined*
```

Die Gefahr des globalen Scopes: Obwohl einfacher Zugriff praktisch erscheinen mag, gilt es allgemein als schlechte Praxis, zu viele Variablen im globalen Scope zu haben ("Verschmutzung des globalen Scopes"). Warum?

- **Namenskollisionen:** Verschiedene Skripte oder Teile deiner Anwendung könnten versehentlich denselben globalen Variablennamen verwenden, sich gegenseitig Werte überschreiben und unerwartetes Verhalten verursachen.
- **Wartbarkeit:** Es wird schwieriger nachzuvollziehen, wo eine globale Variable verwendet oder geändert wird, was das Debuggen erschwert.

Moderne JavaScript-Praktiken (wie die Verwendung von Modulen, die wir in Kapitel 16 sehen werden) fördern nachdrücklich die Minimierung der Nutzung des globalen Scopes.

Funktions-Scope

Vor der Einführung von let und const in ES6 hatte JavaScript hauptsächlich **Funktions-Scope**. Das bedeutet, dass Variablen, die mit dem Schlüsselwort var *innerhalb* einer Funktion deklariert werden, nur innerhalb dieser Funktion und aller darin verschachtelten Funktionen zugänglich sind. Sie können nicht von außerhalb der Funktion zugegriffen werden.

```
function berechneGesamt(preis, menge) {
  // 'gesamt' und 'steuerSatz' sind lokal für diese Funktion
  var gesamt = preis * menge;
  var steuerSatz = 0.08;
  var gesamtMitSteuer = gesamt + (gesamt * steuerSatz);

  console.log(`Gesamt mit Steuer: ${gesamtMitSteuer}`);
```

```
    function protokolliereBerechnung() { // *Verschachtelte Funktion*
        console.log(`Berechnet ${gesamt} vor Steuern.`); // *Kann auf 'gesamt'
zugreifen*
    }
    protokolliereBerechnung();

    return gesamtMitSteuer;
}

let endPreis = berechneGesamt(50, 2);
console.log(`Endpreis: ${endPreis}`);

// *Diese würden Fehler verursachen:*
// console.log(gesamt); // ReferenceError: gesamt is not defined
// console.log(steuerSatz); // ReferenceError: steuerSatz is not defined
```

Jede Funktion erzeugt ihre eigene "Blase" des Scopes. Diese Kapselung ist eine gute Sache – sie hält die interne Funktionsweise einer Funktion begrenzt und verhindert Interferenzen mit der Außenwelt.

Block-Scope

ES6 führte let und const ein, und damit kam der **Block-Scope**. Ein Block ist jeder Codeabschnitt, der in geschweifte Klammern {} eingeschlossen ist. Dazu gehören if-Anweisungen, for-Schleifen, while-Schleifen und sogar eigenständige Blöcke.

Variablen, die mit let oder const deklariert werden, sind auf den **nächstgelegenen umschließenden Block** beschränkt. Sie sind nur *innerhalb* dieses Blocks und aller verschachtelten Blöcke zugänglich.

```
let nachricht = "Außerhalb des Blocks";

if (true) {
  // 'blockVarLet' und 'blockVarConst' sind block-gültig
  let blockVarLet = "Innerhalb Block (let)";
  const blockVarConst = "Innerhalb Block (const)";
  var blockVarVar = "Innerhalb Block (var)"; // 'var' ignoriert Block-Scope!

  console.log(blockVarLet);   // *Zugänglich*
  console.log(blockVarConst); // *Zugänglich*
  console.log(blockVarVar);   // *Zugänglich*
  console.log(nachricht);        // *Zugänglich (vom äußeren Scope)*
}
```

```
console.log(nachricht); // *Ausgabe: Außerhalb des Blocks*

// *Diese verursachen Fehler, da let/const block-gültig sind:*
// console.log(blockVarLet); // ReferenceError: blockVarLet is not defined
// console.log(blockVarConst); // ReferenceError: blockVarConst is not defined

// *Aber 'var', das innerhalb des Blocks deklariert wurde, IST außerhalb
zugänglich (funktions-gültig)!*
console.log(blockVarVar); // *Ausgabe: Innerhalb Block (var)* - Oft unerwartet!
```

Dieser Unterschied ist entscheidend, insbesondere in Schleifen:

```
// Verwendung von let (block-gültig) - Bevorzugt
for (let i = 0; i < 3; i++) {
  console.log(`Innerhalb Schleife (let): ${i}`);
}
// console.log(`Außerhalb Schleife (let): ${i}`); // ReferenceError: i is not
defined

// Verwendung von var (funktions-gültig) - Weniger bevorzugt
for (var j = 0; j < 3; j++) {
    console.log(`Innerhalb Schleife (var): ${j}`);
}
console.log(`Außerhalb Schleife (var): ${j}`); // *Ausgabe: 3 (j ist aus der
Schleife "durchgesickert")*
```

Das Block-Scoping-Verhalten von let und const wird allgemein als wesentlich intuitiver angesehen und hilft, Fehler zu vermeiden, die durch das "Durchsickern" von Variablen aus Blöcken entstehen, in denen sie nur temporär sein sollten. Dies ist ein Hauptgrund, warum let und const im modernen JavaScript gegenüber var bevorzugt werden.

Lexikalischer Scope (Scope-Ketten)

Wie findet JavaScript eine Variable, wenn du sie verwendest? Es verwendet **lexikalischen Scope** (auch statischer Scope genannt). Das bedeutet, dass die Zugänglichkeit von Variablen durch die *Position* der Variablen und Scope-Blöcke *im Quellcode* bestimmt wird, wenn er geschrieben wird, nicht davon, wo die Funktion aufgerufen wird.

Wenn dein Code versucht, auf eine Variable zuzugreifen, folgt JavaScript diesen Schritten:

1. Es sucht nach der Variable im **aktuellen Scope** (z. B. innerhalb der aktuell ausgeführten Funktion oder des Blocks).
2. Wenn es die Variable dort nicht findet, sucht es im **unmittelbar äußeren Scope** (der Funktion oder dem Block, der den aktuellen enthält).
3. Wenn sie immer noch nicht gefunden wird, setzt es die Suche nach außen durch aufeinanderfolgende äußere Scopes fort.
4. Dies wird fortgesetzt, bis es den **globalen Scope** erreicht.
5. Wenn die Variable selbst im globalen Scope nicht gefunden wird, tritt normalerweise ein ReferenceError auf (es sei denn, du weist ihr im nichtstrengen Modus ohne let/const/var einen Wert zu, was einen versehentlichen globalen Scope erzeugt – ein weiterer Grund, dies zu vermeiden!).

Diese Sequenz verschachtelter Scopes bildet eine **Scope-Kette (Scope Chain)**.

```
let globaleVar = "Global";

function aeussereFunktion() {
  let aeussereVar = "Außen";

  function innereFunktion() {
    let innereVar = "Innen";

    console.log(innereVar);   // *Gefunden im Scope von innereFunktion*
    console.log(aeussereVar);  // *Nicht in inner, gefunden im Scope von
aeussereFunktion*
    console.log(globaleVar);  // *Nicht in inner oder außen, gefunden im
globalen Scope*
  }

  innereFunktion();
  // console.log(innereVar); // Fehler! Kann nicht von außen auf innereVar
zugreifen
}

aeussereFunktion();

// *Ausgabe:*
// Innen
// Außen
// Global
```

Der lexikalische Scope stellt sicher, dass eine Funktion sich an die Umgebung (die Scope-Kette) "erinnert", in der sie erstellt wurde, unabhängig davon, wo sie später ausgeführt wird. Dieses Prinzip ist fundamental für das Verständnis von Closures, einem fortgeschritteneren Thema im Zusammenhang damit, wie Funktionen ihren umgebenden Zustand speichern.

Hoisting

Nun wollen wir uns diesem anderen verwirrenden Verhalten widmen: Manchmal scheint es, als könne man eine Variable oder Funktion verwenden, *bevor* ihre Deklaration im Code erscheint. Dies geschieht aufgrund von **Hoisting**.

Bevor dein JavaScript-Code Zeile für Zeile ausgeführt wird, durchläuft die JavaScript-Engine den Code zuerst, um alle Variablen- und Funktions-*Deklarationen* zu finden und sie konzeptionell an den Anfang ihres enthaltenden Scopes (global, Funktion oder Block für let/const) zu "heben" (hoisten).

Wichtig: Hoisting verschiebt nur die **Deklarationen**, nicht die **Initialisierungen** oder Zuweisungen.

Sehen wir uns an, wie Hoisting var, let/const und Funktionen unterschiedlich beeinflusst.

var-**Hoisting**

Deklarationen mit var werden an den Anfang ihres Funktions-Scopes (oder globalen Scopes) gehoisted und automatisch mit dem Wert undefined initialisiert.

```
console.log(meineVar); // *Ausgabe: undefined (Deklaration gehoisted,
initialisiert mit undefined)*

var meineVar = "Hallo!";

console.log(meineVar); // *Ausgabe: Hallo! (Zuweisung erfolgt hier)*

// Was JavaScript konzeptionell tut:
/*
var meineVar; // Deklaration gehoisted und mit undefined initialisiert
console.log(meineVar);
meineVar = "Hallo!"; // Zuweisung bleibt an Ort und Stelle
console.log(meineVar);
*/
```

Der Zugriff auf meineVar vor der Zuweisung verursacht keinen Fehler, ergibt aber undefined, was manchmal Fehler verdecken kann.

let- und const-Hoisting

Deklarationen mit let und const werden **ebenfalls** an den Anfang ihres *Block*-Scopes gehoisted. Im Gegensatz zu var werden sie jedoch **nicht** mit irgendeinem Wert initialisiert (undefined oder anderweitig).

Es gibt einen Zeitraum zwischen dem Beginn des Blocks und der tatsächlichen Zeile, in der die let- oder const-Variable deklariert wird. Während dieses Zeitraums befindet sich die Variable in der **Temporal Dead Zone (TDZ)**. Der Versuch, auf die Variable innerhalb der TDZ zuzugreifen, führt zu einem ReferenceError.

```
// console.log(meinLet); // ReferenceError: Cannot access 'meinLet' before
initialization

let meinLet = "Ich bin jetzt initialisiert."; // TDZ endet hier für meinLet

console.log(meinLet); // *Ausgabe: Ich bin jetzt initialisiert.*

if (true) {
  // TDZ für blockConst beginnt hier
  // console.log(blockConst); // ReferenceError! Immer noch in TDZ

  const blockConst = "Im Block initialisiert"; // TDZ endet hier für blockConst
  console.log(blockConst); // *Ausgabe: Im Block initialisiert*
}
```

Die TDZ ist eigentlich eine gute Sache! Sie verhindert, dass du versehentlich eine Variable verwendest, bevor sie ordnungsgemäß deklariert und initialisiert wurde, was den Code robuster und leichter verständlich macht. Sie erzwingt Disziplin: Deklariere vor der Verwendung.

Funktions-Hoisting

Wie Funktionen gehoisted werden, hängt davon ab, wie sie definiert sind:

1. **Funktionsdeklarationen:** Diese werden vollständig gehoisted. Sowohl der Funktionsname *als auch* ihre Implementierung werden an den Anfang ihres Scopes verschoben. Das bedeutet, dass du eine auf diese Weise deklarierte Funktion aufrufen kannst, *bevor* ihre Definition im Code erscheint.

   ```
   deklarierteFunktion(); // *Funktioniert! Ausgabe: Ich wurde deklariert!*

   function deklarierteFunktion() {
   ```

```
    console.log("Ich wurde deklariert!");
  }

  // Konzeptionell:
  /*
  function deklarierteFunktion() { // Deklaration UND Definition gehoisted
    console.log("Ich wurde deklariert!");
  }
  deklarierteFunktion();
  */
```

2. **Funktionsausdrücke:** Nur der *Variablendeklarationsteil* wird gehoisted (gemäß den Regeln von var, let oder const). Die eigentliche Funktionszuweisung bleibt dort, wo sie ist. Daher kannst du einen Funktionsausdruck **nicht** aufrufen, bevor die Zeile erreicht wird, in der er zugewiesen wird.

```
// ausdruckVar(); // TypeError: ausdruckVar is not a function (wenn mit
var deklariert)
                  // ReferenceError: Cannot access 'ausdruckLet' before
initialization (wenn let)

var ausdruckVar = function() {
  console.log("Ich bin ein Ausdruck (var)!");
};

const ausdruckConst = function() {
  console.log("Ich bin ein Ausdruck (const)!");
};

ausdruckVar();   // *Funktioniert jetzt*
ausdruckConst(); // *Funktioniert jetzt*
```

Dieser Unterschied ist ein Hauptgrund, warum die Platzierung von Funktionsdefinitionen wichtig ist, insbesondere bei Verwendung von Funktionsausdrücken.

Praktische Auswirkungen & Best Practices

Das Verständnis von Scope und Hoisting hilft dir, besseren Code zu schreiben und Probleme effektiver zu debuggen.

- **Vermeide globale Variablen:** Minimiere die Verschmutzung des globalen Scopes. Verwende Module oder verpacke Code in Funktionen, um lokale Scopes zu erstellen.

- **Bevorzuge** `let` **und** `const` **gegenüber** `var`: Block-Scope und die TDZ führen zu vorhersagbarerem und weniger fehleranfälligem Code. Verwende standardmäßig `const` für Variablen, die nicht neu zugewiesen werden.
- **Deklariere vor der Verwendung**: Auch wenn Hoisting existiert, deklariere deine Variablen (`let`, `const`, `var`) und Funktionen immer am Anfang ihres relevanten Scopes (Block oder Funktion), bevor du sie verwendest. Dies macht den Code klarer und vermeidet TDZ-Fehler.
- **Verstehe die Unterschiede beim Funktions-Hoisting**: Sei dir bewusst, dass Funktionsdeklarationen vor ihrer Definition aufgerufen werden können, während Funktionsausdrücke dies nicht können. Wähle den Definitionsstil, der deinen Bedürfnissen entspricht, und bleibe konsistent.

Kapitelzusammenfassung

In diesem Kapitel haben wir **Scope** und **Hoisting** entmystifiziert. Wir haben gelernt, dass Scope die Sichtbarkeit von Variablen und Funktionen bestimmt und dabei zwischen **globalem Scope**, **Funktions-Scope** (hauptsächlich für `var`) und **Block-Scope** (eingeführt durch `let` und `const`) unterschieden wird. Wir haben den **lexikalischen Scope** und die **Scope-Kette** untersucht, die bestimmen, wie JavaScript Variablen durch Suche nach außen vom aktuellen Scope nachschlägt. Anschließend haben wir **Hoisting** behandelt, das Verhalten von JavaScript, Deklarationen konzeptionell an den Anfang ihres Scopes zu verschieben. Wir haben gesehen, wie `var`-Deklarationen gehoisted und mit `undefined` initialisiert werden, während `let` und `const` zwar gehoisted werden, aber bis zu ihrer Deklarationszeile in der **Temporal Dead Zone (TDZ)** uninitialisiert bleiben und bei zu frühem Zugriff einen `ReferenceError` verursachen. Wir haben auch das vollständige Hoisting von **Funktionsdeklarationen** dem teilweisen Hoisting (nur Variablendeklaration) von **Funktionsausdrücken** gegenübergestellt. Schließlich haben wir Best Practices wie die Bevorzugung von `let`/`const`, die Vermeidung von globalen Variablen und die Deklaration vor der Verwendung etabliert.

Mit einem soliden Verständnis davon, wie JavaScript die Sichtbarkeit von Variablen und Deklarationen verwaltet, bist du nun gerüstet, um komplexeren und zuverlässigeren Code zu schreiben. Der nächste logische Schritt besteht darin, dieses Wissen anzuwenden, um mit der Umgebung zu interagieren, in der JavaScript am häufigsten ausgeführt wird: dem Webbrowser. In Kapitel 10 werden wir uns mit dem **Document Object Model (DOM)** befassen und lernen, wie JavaScript den Inhalt, die Struktur und den Stil von Webseiten dynamisch zugreifen und manipulieren kann.

10
Das DOM

Bis jetzt hat sich unsere JavaScript-Reise auf die Kernmechanismen der Sprache selbst konzentriert – Daten in Variablen speichern, Operationen durchführen, Entscheidungen mit Bedingungen treffen und Aufgaben mit Schleifen wiederholen. Wir haben ein solides Fundament geschaffen. Aber JavaScript erwacht erst richtig zum Leben, wenn es beginnt, mit seiner häufigsten Umgebung zu interagieren: dem Webbrowser. Wie ändert JavaScript, was du auf einer Webseite siehst, reagiert auf deine Klicks oder aktualisiert Inhalte dynamisch? Die Antwort liegt im **Document Object Model**, kurz **DOM**. Dieses Kapitel ist dein Einstieg in das Verständnis, wie JavaScript auf HTML-Dokumente zugreift und diese manipuliert, wodurch statische Seiten zu interaktiven Erlebnissen werden.

Was ist das DOM?

Stell dir vor, du hast ein Haus nach Bauplänen (deinem HTML-Code) gebaut. Das HTML definiert die Struktur: Wände, Türen, Fenster, Räume. Jetzt möchtest du mit diesem fertigen Haus interagieren – vielleicht eine Wand streichen, ein Fenster öffnen oder ein neues Möbelstück hinzufügen. Du benötigst eine Möglichkeit, die Struktur des Hauses *programmatisch* darzustellen, damit du gezielt auf bestimmte Teile zugreifen kannst.

Das **Document Object Model (DOM)** ist genau diese Darstellung für Webseiten. Wenn ein Webbrowser ein HTML-Dokument lädt, zeigt er es nicht nur an; er erstellt eine logische, baumartige Struktur im Speicher, die alle Elemente, Attribute und Textinhalte dieser Seite repräsentiert. Diese Struktur ist das DOM. Es ist eine **Application Programming Interface (API)** – ein Satz von Regeln und Objekten – die es Programmiersprachen wie JavaScript ermöglicht, auf den Inhalt, die Struktur und den Stil des HTML-Dokuments zuzugreifen und diese zu manipulieren.

Stell dir das DOM wie einen **lebendigen Baum** vor:

- Das document selbst ist die Wurzel des Baumes.
- Jedes HTML-Tag (wie <html>, <body>, <h1>, <p>, <div>) wird zu einem **Knoten** (genauer gesagt, einem *Elementknoten*) im Baum, der von seinem übergeordneten Knoten abzweigt.
- Der Textinhalt innerhalb von Elementen wird ebenfalls zu Knoten (*Textknoten*).
- Attribute von Elementen (wie id, class, src, href) werden ebenfalls repräsentiert, oft als Eigenschaften der Elementknoten.

JavaScript modifiziert nicht direkt die rohe HTML-Datei. Stattdessen interagiert es mit dieser DOM-Baumstruktur im Speicher des Browsers. Alle Änderungen, die JavaScript am DOM-Baum vornimmt, spiegeln sich dann sofort in dem wider, was der Benutzer auf der gerenderten Seite sieht.

```html
<!-- Einfaches HTML -->
<!DOCTYPE html>
<html>
<head>
    <title>Meine Seite</title>
</head>
<body>
    <h1>Willkommen!</h1>
    <p id="intro">Dies ist ein Absatz.</p>
    <ul>
        <li>Element 1</li>
        <li>Element 2</li>
    </ul>
</body>
</html>
```

Der Browser würde dieses HTML parsen und eine DOM-Baumstruktur erstellen, die etwa so aussieht (vereinfacht):

```
Document
└── html
```

```
├── head
│   ├── #text ("\n    ")
│   ├── title
│   │   └── #text ("Meine Seite")
│   └── #text ("\n")
└── body
    ├── #text ("\n    ")
    ├── h1
    │   └── #text ("Willkommen!")
    ├── #text ("\n    ")
    ├── p (id="intro")
    │   └── #text ("Dies ist ein Absatz.")
    ├── #text ("\n    ")
    ├── ul
    │   ├── #text ("\n        ")
    │   ├── li
    │   │   └── #text ("Element 1")
    │   ├── #text ("\n        ")
    │   ├── li
    │   │   └── #text ("Element 2")
    │   └── #text ("\n    ")
    └── #text ("\n")
```

JavaScript erhält Zugriff auf diesen Baum und kann ihn navigieren, spezifische Knoten auswählen (wie den Absatz mit `id="intro"`) und sie modifizieren.

Das document-Objekt

Der Einstiegspunkt für die Interaktion mit dem DOM ist das globale `document`-Objekt, das automatisch von der Browserumgebung bereitgestellt wird. Dieses Objekt repräsentiert das gesamte HTML-Dokument, das im Browserfenster oder Tab geladen ist. Es enthält zahlreiche Eigenschaften und Methoden für den Zugriff auf und die Manipulation der Seite.

Du kannst dieses Objekt direkt in der Entwicklerkonsole deines Browsers untersuchen (Kapitel 1). Versuche, `document` einzugeben und Enter zu drücken. Du wirst eine Darstellung der DOM-Struktur der aktuellen Seite sehen.

Alle unsere Interaktionen mit dem DOM beginnen typischerweise mit dem `document`-Objekt.

Seitenelemente auswählen

Bevor du ein Element ändern, gestalten oder seinen Inhalt lesen kannst, musst du es zuerst *auswählen* – eine Referenz auf diesen spezifischen Knoten im DOM-Baum erhalten. JavaScript bietet mehrere Methoden, die an das document-Objekt (und manchmal an andere Elementknoten) angehängt sind, für diesen Zweck.

Verwenden wir dieses Beispiel-HTML für unsere Beispiele:

```
<!DOCTYPE html>
<html lang="de">
<head>
    <title>DOM-Auswahl</title>
</head>
<body>
    <h1 id="haupt-ueberschrift">DOM-Auswahl lernen</h1>
    <p class="inhalt einleitung">Dies ist der Einleitungsabsatz.</p>
    <p class="inhalt">Dies ist ein weiterer Absatz.</p>
    <div>
        <p>Absatz innerhalb eines Divs.</p>
    </div>
    <ul id="element-liste">
        <li class="element">Apfel</li>
        <li class="element wichtig">Banane</li>
        <li class="element">Kirsche</li>
    </ul>

    <script src="app.js"></script>
</body>
</html>
```

Nun in unserer app.js-Datei:

getElementById(id)

Dies ist eine klassische und sehr effiziente Methode, wenn das gewünschte Element ein eindeutiges id-Attribut hat. Sie gibt einen **einzelnen Elementknoten** zurück, der dieser ID entspricht, oder null, wenn kein Element mit dieser ID gefunden wird. Denke daran, IDs *sollten* innerhalb einer Seite eindeutig sein.

```
// Wähle das h1-Element anhand seiner ID aus
const ueberschriftElement = document.getElementById('haupt-ueberschrift');

// Wähle das ul-Element aus
```

```
const listenElement = document.getElementById('element-liste');

console.log(ueberschriftElement); // *Gibt das <h1> Elementobjekt aus*
console.log(listenElement);      // *Gibt das <ul> Elementobjekt aus*

// Versuche, eine nicht existierende ID auszuwählen
const fehlendesElement = document.getElementById('nicht-existent');
console.log(fehlendesElement); // *Ausgabe: null*
```

getElementsByTagName(tagName)

Diese Methode wählt alle Elemente mit dem angegebenen HTML-Tag-Namen aus (z. B. 'p', 'li', 'div'). Sie gibt eine **live HTMLCollection** der gefundenen Elemente zurück. Eine HTMLCollection ist ein Array-ähnliches Objekt (aber kein echtes Array). "Live" bedeutet, dass sich die Sammlung automatisch aktualisiert, wenn Elemente mit diesem Tag-Namen zum DOM hinzugefügt oder daraus entfernt werden, *nachdem* du die Sammlung ausgewählt hast.

```
// Wähle alle Absatz-Elemente aus
const alleAbsaetze = document.getElementsByTagName('p');
console.log(alleAbsaetze); // *Gibt eine HTMLCollection aller <p>-Elemente aus*
console.log(alleAbsaetze.length); // *Ausgabe: 3 (in unserem Beispiel)*

// Zugriff auf einen bestimmten Absatz (denke daran, es ist Array-ähnlich,
nullbasiert)
console.log(alleAbsaetze[0]); // *Gibt das erste <p>-Element aus*
console.log(alleAbsaetze[1].textContent); // *Ausgabe: Dies ist ein weiterer
Absatz.*
```

getElementsByClassName(className)

Ähnlich wie getElementsByTagName wählt diese Methode alle Elemente aus, die den angegebenen CSS-Klassennamen haben. Sie gibt ebenfalls eine **live HTMLCollection** zurück.

```
// Wähle alle Elemente mit der Klasse 'element' aus
const listenElemente = document.getElementsByClassName('element');
console.log(listenElemente); // *Gibt eine HTMLCollection der <li>-Elemente aus*
console.log(listenElemente.length); // *Ausgabe: 3*

// Wähle Elemente mit der Klasse 'inhalt' aus
const inhaltsAbsaetze = document.getElementsByClassName('inhalt');
```

```
console.log(inhaltsAbsaetze); // *Gibt eine HTMLCollection [p.inhalt.einleitung,
p.inhalt] aus*
console.log(inhaltsAbsaetze.length); // *Ausgabe: 2*
```

querySelector(cssSelector)

Dies ist eine sehr leistungsstarke und vielseitige moderne Methode. Sie akzeptiert einen CSS-Selektor-String (dieselbe Art, die du in deinen CSS-Dateien verwendest!) und gibt das **erste Element** im Dokument zurück, das dem Selektor entspricht. Wenn keine Übereinstimmung gefunden wird, gibt sie null zurück. Dies wird oft bevorzugt, da du jeden gültigen CSS-Selektor verwenden kannst, was komplexe Auswahlen erleichtert.

```
// Wähle den ersten Absatz aus (entspricht dem 'p'-Tag-Selektor)
const ersterAbsatz = document.querySelector('p');
console.log(ersterAbsatz); // *Gibt das erste <p>-Element aus*

// Wähle das Element mit der ID 'haupt-ueberschrift' aus (mittels ID-Selektor #)
const ueberschriftWieder = document.querySelector('#haupt-ueberschrift');
console.log(ueberschriftWieder); // *Gibt das <h1>-Element aus*

// Wähle das erste Element mit der Klasse 'element' aus (mittels Klassen-
Selektor .)
const erstesElement = document.querySelector('.element');
console.log(erstesElement); // *Gibt das erste <li>-Element aus*

// Wähle das erste Element mit der Klasse 'wichtig' innerhalb des Elements mit
der ID 'element-liste' aus
const wichtigesElement = document.querySelector('#element-liste .wichtig');
console.log(wichtigesElement); // *Gibt das <li> mit der Klasse 'wichtig' aus*

// Wähle einen Absatz innerhalb eines Divs aus
const absatzInDiv = document.querySelector('div p');
console.log(absatzInDiv); // *Gibt das <p> innerhalb des <div> aus*

// Wähle ein Element aus, das nicht existiert
const nichtExistent = document.querySelector('.fehlend');
console.log(nichtExistent); // *Ausgabe: null*
```

querySelectorAll(cssSelector)

Ähnlich wie querySelector, aber es gibt **alle** Elemente im Dokument zurück, die dem bereitgestellten CSS-Selektor entsprechen. Es gibt eine **statische NodeList** zurück. Eine NodeList ist ebenfalls Array-ähnlich, aber sie ist im Allgemeinen "statisch", was bedeutet, dass sie sich nicht automatisch aktualisiert, wenn sich das DOM nach der Auswahl ändert (im Gegensatz zu einer live HTMLCollection). NodeLists haben auch einige nützliche eingebaute Methoden wie `forEach` (die HTMLCollections oft fehlen, obwohl sich dies in modernen Browsern ändert).

```
// Wähle alle Absatz-Elemente aus
const alleAbsaetzeWieder = document.querySelectorAll('p');
console.log(alleAbsaetzeWieder); // *Gibt eine NodeList aller <p>-Elemente aus*
console.log(alleAbsaetzeWieder.length); // *Ausgabe: 3*

// Wähle alle Elemente mit der Klasse 'element' aus
const alleElemente = document.querySelectorAll('.element');
console.log(alleElemente); // *Gibt eine NodeList der <li>-Elemente aus*

// Du kannst einfach über eine NodeList iterieren mit forEach
alleElemente.forEach(function(item, index) {
  console.log(`Element ${index}: ${item.textContent}`);
});
/* Ausgabe:
Element 0: Apfel
Element 1: Banane
Element 2: Kirsche
*/
```

Empfehlung: Für die meisten modernen Entwicklungen sind `querySelector` (für einzelne Elemente) und `querySelectorAll` (für mehrere Elemente) oft die bequemsten und leistungsstärksten Optionen aufgrund ihrer Fähigkeit, jeden CSS-Selektor zu verwenden. Verwende `getElementById`, wenn du speziell den Leistungsvorteil der Auswahl nach einer eindeutigen ID benötigst.

Elemente manipulieren

Sobald du einen Elementknoten ausgewählt und in einer Variablen gespeichert hast, kannst du beginnen, ihn zu manipulieren!

Inhalt ändern

Es gibt zwei primäre Eigenschaften zum Ändern des Inhalts *innerhalb* eines Elements:

- `textContent`: Ruft den *Textinhalt* eines Elements und all seiner Nachkommen ab oder legt ihn fest, wobei alle HTML-Tags ignoriert werden. Es behandelt den Inhalt rein als Text. Dies ist im Allgemeinen **sicherer** und oft schneller, wenn du nur mit reinem Text arbeiten musst.

```
const einleitungsAbsatz = document.querySelector('.einleitung');
console.log(einleitungsAbsatz.textContent); // *Ausgabe: Dies ist der
Einleitungsabsatz.*

// Ändere den Textinhalt
einleitungsAbsatz.textContent = "Willkommen im Abschnitt zur DOM-
Manipulation!";
console.log(einleitungsAbsatz.textContent); // *Ausgabe: Willkommen im
Abschnitt zur DOM-Manipulation!*

// Wenn du textContent mit HTML-Tags setzt, werden sie als literaler
Text behandelt
einleitungsAbsatz.textContent = "Dieser Text ist
<strong>wichtig</strong>.";
// *Der Absatz zeigt buchstäblich "Dieser Text ist
<strong>wichtig</strong>." an*
```

- innerHTML: Ruft den *HTML-Inhalt* (Markup) innerhalb eines Elements ab oder legt ihn fest. Der Browser parst den von dir bereitgestellten String als HTML. Dies ist notwendig, wenn du HTML-Struktur innerhalb eines Elements einfügen oder ändern musst.

```
const liste = document.getElementById('element-liste');
console.log(liste.innerHTML);
/* Ausgabe (ungefähr):
   <li class="element">Apfel</li>
   <li class="element wichtig">Banane</li>
   <li class="element">Kirsche</li>
*/

// Ändere den HTML-Inhalt
liste.innerHTML = '<li class="neu">Erstes neues Element</li><li
class="neu">Zweites neues Element</li>';
console.log(liste.innerHTML);
/* Ausgabe:
   <li class="neu">Erstes neues Element</li><li class="neu">Zweites
neues Element</li>
*/
```

Sicherheitswarnung: Sei extrem vorsichtig, wenn du innerHTML mit Inhalten setzt, die aus Benutzereingaben oder externen Quellen stammen. Wenn der Inhalt bösartige <script>-Tags oder anderes schädliches HTML enthält, kann das Setzen über `innerHTML` dieses Skript ausführen, was zu Cross-Site Scripting (XSS)-Schwachstellen führt. **Bereinige oder maskiere immer externen Inhalt, bevor du ihn mit `innerHTML` verwendest.** Bevorzuge `textContent`, wann immer du nur mit Text arbeitest.

Stile ändern

Du kannst die Inline-Stile eines Elements direkt über seine `style`-Eigenschaft manipulieren. Die `style`-Eigenschaft selbst ist ein Objekt, bei dem jede Eigenschaft einer CSS-Eigenschaft entspricht.

Wichtig: CSS-Eigenschaften mit Bindestrichen (Kebab-Case) wie `background-color` oder `font-size` werden in JavaScript in camelCase umgewandelt (z. B. `background-Color`, `fontSize`).

```
const ueberschrift = document.getElementById('haupt-ueberschrift');

// Ändere die Farbe
ueberschrift.style.color = 'blue';

// Ändere die Hintergrundfarbe (Kebab-Case zu camelCase)
ueberschrift.style.backgroundColor = 'lightgray';

// Ändere die Schriftgröße
ueberschrift.style.fontSize = '3em'; // *Wert muss ein String sein,
einschließlich Einheiten*

// Füge Innenabstand hinzu
ueberschrift.style.padding = '10px';

// Entferne einen Stil, indem du ihn auf einen leeren String setzt
ueberschrift.style.padding = '';
```

Obwohl die direkte Stilmanipulation funktioniert, setzt sie *Inline-Stile* (`<h1 style="...">`), die schwieriger zu verwalten und zu überschreiben sein können als die Verwendung von CSS-Klassen. Für umfangreichere Stiländerungen oder wiederverwendbare Stile ist es oft bessere Praxis, CSS-Klassen in deinem Stylesheet zu definieren und dann JavaScript zu verwenden, um diese Klassen **zum Element hinzuzufügen oder zu entfernen**, indem du die `classList`-Eigenschaft verwendest (z. B. `element.classList.add('aktiv')`, `element.classList.remove('hervorheben')`).

Attribute ändern

Du kannst HTML-Attribute (wie id, class, src, href, alt usw.) mit dedizierten Methoden lesen, setzen und entfernen:

- getAttribute(attributName): Gibt den aktuellen Wert des angegebenen Attributs als String zurück oder null, wenn das Attribut nicht existiert.
- setAttribute(attributName, wert): Fügt ein neues Attribut hinzu oder ändert den Wert eines vorhandenen Attributs. Der Wert ist typischerweise ein String.
- removeAttribute(attributName): Entfernt das angegebene Attribut vom Element.

```
const einleitungsAbsatz = document.querySelector('.einleitung');

// Hole das class-Attribut
let aktuelleKlassen = einleitungsAbsatz.getAttribute('class');
console.log(aktuelleKlassen); // *Ausgabe: inhalt einleitung*

// Setze das 'data-status'-Attribut (benutzerdefiniertes Datenattribut)
einleitungsAbsatz.setAttribute('data-status', 'aktualisiert');

// Füge ein ID-Attribut hinzu
einleitungsAbsatz.setAttribute('id', 'einleitung');

// Ändere das class-Attribut
einleitungsAbsatz.setAttribute('class', 'inhalt aktualisierte-einleitung');

console.log(einleitungsAbsatz.getAttribute('data-status')); // *Ausgabe:
aktualisiert*
console.log(einleitungsAbsatz.getAttribute('id')); // *Ausgabe: einleitung*

// Entferne das data-status-Attribut
einleitungsAbsatz.removeAttribute('data-status');
console.log(einleitungsAbsatz.getAttribute('data-status')); // *Ausgabe: null*
```

Direkter Eigenschaftszugriff: Für viele gängige Standard-HTML-Attribute (id, className, src, href, value usw.) bietet JavaScript auch direkte Eigenschaften auf dem Elementknoten, auf die du einfacher zugreifen und sie ändern kannst.

```
const ueberschrift = document.getElementById('haupt-ueberschrift');
const liste = document.getElementById('element-liste');

// Direkter Zugriff auf ID
```

```
console.log(ueberschrift.id); // *Ausgabe: haupt-ueberschrift*

// Direkte Änderung der ID
ueberschrift.id = 'neue-haupt-ueberschrift';
console.log(ueberschrift.id); // *Ausgabe: neue-haupt-ueberschrift*

// Zugriff auf Klassennamen als String
console.log(liste.className); // *Ausgabe: (Kann leer sein, wenn initial über
classList gesetzt)*

// Direkte Zuweisung von Klassennamen (überschreibt vorhandene Klassen)
liste.className = 'elemente aktiv';
console.log(liste.className); // *Ausgabe: elemente aktiv*
```

Obwohl praktisch, kann der direkte Eigenschaftszugriff sich bei bestimmten Attributen (insbesondere booleschen Attributen oder solchen, die URLs beinhalten) leicht anders verhalten als `getAttribute/setAttribute`. Die Verwendung von `getAttribute/setAttribute` ist manchmal konsistenter, insbesondere bei benutzerdefinierten Attributen. Zur Verwaltung von Klassen ist die Verwendung von `element.classList` im Allgemeinen der empfohlene moderne Ansatz.

Elemente erstellen und hinzufügen

Das DOM ist nicht statisch; JavaScript kann völlig neue HTML-Elemente von Grund auf erstellen und sie in die Seitenstruktur einfügen.

Der typische Arbeitsablauf ist:

1. **Erstellen** des neuen Elementknotens mit `document.createElement(tag-Name)`.
2. **Konfigurieren** des neuen Elements (Inhalt, Attribute, Stile setzen).
3. **Anhängen** des neuen Elements an ein vorhandenes Element im DOM-Baum.

```
// 1. Erstelle ein neues Listenelement
const neuesListenElement = document.createElement('li'); // *Erstellt ein leeres
<li></li>*

// 2. Konfiguriere das neue Element
neuesListenElement.textContent = 'Durian'; // *Setze seinen Textinhalt*
neuesListenElement.setAttribute('class', 'element exotisch'); // *Setze seine
Klasse*
// *Alternativ: neuesListenElement.className = 'element exotisch';*
// *Oder besser: neuesListenElement.classList.add('element', 'exotisch');*
```

```
// 3. Hänge das neue Element an die vorhandene Liste an
const elementListe = document.getElementById('element-liste');
elementListe.appendChild(neuesListenElement); // *Fügt das neue <li> am Ende der
<ul> hinzu*

// Fügen wir noch eins hinzu
const weiteresElement = document.createElement('li');
weiteresElement.textContent = 'Mango';
weiteresElement.classList.add('element'); // *Verwendung von classList ist oft
sauberer*
elementListe.appendChild(weiteresElement);

console.log(elementListe.innerHTML); // *Zeigt die aktualisierte Liste mit
Durian und Mango*
```

- appendChild(kindKnoten): Fügt den kindKnoten als *letztes* Kind des Elternelements hinzu, auf dem es aufgerufen wird.

Andere Methoden zum Hinzufügen von Knoten umfassen:

- insertBefore(neuerKnoten, referenzKnoten): Fügt neuerKnoten vor referenzKnoten innerhalb des Elternelements ein.
- Moderne Methoden wie append(), prepend(), before(), after() bieten
  mehr Flexibilität zum direkten Hinzufügen mehrerer Knoten oder Text, aber
  appendChild ist die klassische Methode.

Elemente entfernen

Du kannst auch Elemente aus dem DOM entfernen.

removeChild(kindKnoten) (Klassisch)

Die traditionelle Methode erfordert den Zugriff auf das **Elternelement** und den
anschließenden Aufruf von removeChild() auf dem Elternteil, wobei das zu entfern-
ende Kindelement übergeben wird.

```
const liste = document.getElementById('element-liste');
const zuEntfernendesElement = document.querySelector('#element-liste .wichtig');
// *Wähle Banane aus*

if (liste && zuEntfernendesElement) {
  let entfernt = liste.removeChild(zuEntfernendesElement);
```

```
  console.log("Entferntes Element:", entfernt); // *Gibt das entfernte <li>-
Element aus*
}

console.log(liste.innerHTML); // *Zeigt die Liste ohne Banane*
```

element.remove() (Modern)

Eine wesentlich einfachere, moderne Methode besteht darin, die remove()-Methode
direkt auf dem Element aufzurufen, das du entfernen möchtest.

```
const direktZuEntfernendesElement = document.querySelector('#element-
liste .exotisch'); // *Wähle Durian aus*

if (direktZuEntfernendesElement) {
  direktZuEntfernendesElement.remove(); // *Entfernt das Durian-li direkt*
}

console.log(liste.innerHTML); // *Zeigt die Liste ohne Banane und Durian*
```

element.remove() wird aufgrund seiner Einfachheit im Allgemeinen bevorzugt,
wenn die Browserkompatibilität dies zulässt (es wird von modernen Browsern weitge-
hend unterstützt).

Einführung in Events

Wir haben gesehen, wie man Elemente auswählt, modifiziert, erstellt und löscht, was
uns die volle Kontrolle über Struktur und Aussehen einer Seite gibt, *nachdem* sie
geladen wurde. Aber die wahre Magie dynamischer Webseiten entsteht, wenn sie auf
Benutzeraktionen *reagieren* – Mausklicks, Tastendrücke, Formularübermittlungen,
Fenstergrößenänderungen usw.

Das DOM bietet dafür einen Mechanismus namens **Events (Ereignisse)**. JavaScript
kann auf bestimmte Ereignisse "lauschen", die auf bestimmten Elementen auftreten.
Wenn ein Ereignis eintritt (wie das Klicken auf einen Button), kann eine vordefinierte
JavaScript-Funktion (ein "Event Handler" oder "Event Listener") automatisch ausgeführt werden.

```
// --- Vorschau auf Kapitel 11 ---
```

```
// Hole ein Button-Element (angenommen <button id="meinButton">Klick
Mich</button> existiert)
// const meinButton = document.getElementById('meinButton');

// Füge einen Event-Listener für das 'click'-Ereignis hinzu
// meinButton.addEventListener('click', function() {
//    alert('Button wurde geklickt!');
//    // Oder ändere ein DOM-Element...
// });


// --- Ende Vorschau ---
```

Diese Fähigkeit, Verhalten an Benutzerinteraktionen zu knüpfen, schließt die Lücke zwischen einem statischen Dokument und einer interaktiven Anwendung.

Kapitelzusammenfassung

Dieses Kapitel stellte das **Document Object Model (DOM)** vor, die Darstellung eines HTML-Dokuments durch den Browser als programmierbare Baumstruktur. Wir haben gelernt, dass das globale document-Objekt unser Einstiegspunkt ist. Wir untersuchten verschiedene Methoden zur **Auswahl von Elementen**: getElementById, getElementsByTagName, getElementsByClassName sowie die vielseitigen querySelector und querySelectorAll, die CSS-Selektoren verwenden. Anschließend behandelten wir die Manipulation ausgewählter Elemente: Ändern des Inhalts mit textContent (sicherer) und innerHTML (mächtig, erfordert aber Vorsicht), Modifizieren von Inline-Stilen über die style-Eigenschaft und Verwalten von Attributen mit getAttribute, setAttribute, removeAttribute neben dem direkten Eigenschaftszugriff. Wir lernten auch, wie man dynamisch neue Elemente **erstellt** (createElement), sie konfiguriert und dem DOM **hinzufügt** (appendChild) sowie wie man Elemente **entfernt** (removeChild, element.remove()). Schließlich führten wir kurz das Konzept der **Events** ein und bereiteten die Bühne dafür, unsere Seiten wirklich interaktiv zu machen.

Du verfügst nun über die grundlegenden Fähigkeiten, Webseiten mit JavaScript zu lesen und zu ändern. Der nächste entscheidende Schritt ist zu lernen, wie man auf Benutzeraktionen reagiert. In Kapitel 11 werden wir uns eingehend mit **Events** befassen und untersuchen, wie man auf Klicks, Tastendrücke, Mausbewegungen und mehr lauscht, um wirklich dynamische und reaktionsfähige Benutzeroberflächen zu erstellen.

11

Events im Detail

Im vorigen Kapitel haben wir gelernt, wie man mit JavaScript Elemente auf einer Webseite über das DOM findet und manipuliert. Wir können jetzt Text ändern, Stile aktualisieren, neue Elemente hinzufügen und alte entfernen. Das ist mächtig, aber es ist nur die halbe Miete dynamischer Webseiten. Die eigentliche Interaktivität entsteht, wenn unsere Seiten auf Dinge *reagieren*, die passieren – ein Benutzer klickt auf einen Button, tippt in ein Feld, bewegt die Maus oder ändert auch nur die Größe des Browserfensters. Diese Ereignisse werden als **Events** bezeichnet. Dieses Kapitel taucht tief in die Handhabung von Events durch JavaScript ein und zeigt dir, wie du auf spezifische Aktionen "lauschen" und als Reaktion darauf Code auslösen kannst, wodurch deine Webseiten wirklich reaktionsfähig und fesselnd werden.

Der Event Listener

Die standardmäßige und flexibelste Methode, ein Element auf ein Ereignis reagieren zu lassen, ist das Anfügen eines **Event Listeners**. Du wählst das Zielelement aus (mit Methoden aus Kapitel 10) und rufst dann seine `addEventListener()`-Methode auf.

Die grundlegende Syntax lautet:

```
zielElement.addEventListener(ereignisTyp, listenerFunktion);
```

Lassen Sie uns dies aufschlüsseln:

- zielElement: Das spezifische DOM-Element, auf das du lauschen möchtest (z. B. ein Button, ein Absatz, das gesamte document oder window).
- addEventListener: Die Methode, die du auf diesem Element aufrufst.
- ereignisTyp: Ein String, der den Namen des Ereignisses angibt, auf das du lauschen möchtest (z. B. 'click', 'mouseover', 'keydown'). Es gibt viele verschiedene Ereignistypen, die wir gleich untersuchen werden. **Hinweis:** Das 'on'-Präfix (wie onclick), das in älteren HTML-Attributen oder Eigenschaftszuweisungen verwendet wird, wird hier *nicht* verwendet.
- listenerFunktion: Die Funktion, die ausgeführt wird, **wenn das angegebene Ereignis auf dem Zielelement auftritt**. Diese Funktion wird oft als "Event Handler" oder "Callback-Funktion" bezeichnet. Du kannst eine Referenz auf eine benannte Funktion übergeben oder direkt eine anonyme Funktion definieren (wie wir es bei Funktionsausdrücken in Kapitel 8 gesehen haben).

Fügen wir einem Button einen einfachen Klick-Listener hinzu. Angenommen, wir haben dieses HTML:

```html
<!DOCTYPE html>
<html>
<head><title>Event Listener</title></head>
<body>
    <button id="meinButton">Klick Mich!</button>
    <p id="nachrichtenBereich"></p>

    <script src="app.js"></script>
</body>
</html>
```

Und in app.js:

```js
// 1. Wähle die Elemente aus
const button = document.getElementById('meinButton');
const nachrichtenBereich = document.getElementById('nachrichtenBereich');

// 2. Definiere die Listener-Funktion
function behandleButtonClick() {
  nachrichtenBereich.textContent = 'Button wurde geklickt! Danke!';
  console.log('Button-Klick behandelt.');
}

// 3. Füge den Listener an
button.addEventListener('click', behandleButtonClick);
```

```
// *Du könntest auch direkt eine anonyme Funktion verwenden:*
// button.addEventListener('click', function() {
//     nachrichtenBereich.textContent = 'Button via anonymer Funktion geklickt!';
//     console.log('Anonymer Klick-Handler lief.');
// });
```

Jetzt wird jedes Mal, wenn du auf den "Klick Mich!"-Button auf der Seite klickst, die behandleButtonClick-Funktion ausgeführt, der Text des Absatzes aktualisiert und eine Nachricht in der Konsole protokolliert.

Du kannst mehrere Listener für denselben Ereignistyp an ein einzelnes Element anhängen, und sie werden alle ausgeführt, wenn das Ereignis eintritt.

Ein Hinweis zu älteren Methoden: Du könntest auf ältere Methoden zum Anhängen von Event Handlern stoßen, wie das direkte Setzen von onclick als HTML-Attribut (<button onclick="behandleButtonClick()">) oder als Eigenschaft in JavaScript (button.onclick = behandleButtonClick;). Obwohl diese für einfache Fälle manchmal funktionieren, wird addEventListener allgemein bevorzugt, weil:

- Es ermöglicht das Hinzufügen mehrerer Listener für dasselbe Ereignis. Das mehrfache Setzen von element.onclick überschreibt einfach den vorherigen Handler.
- Es bietet mehr Kontrolle über die Phasen der Ereignisverarbeitung (Bubbling vs. Capturing, wird später diskutiert).
- Es hilft, JavaScript-Logik von der HTML-Struktur getrennt zu halten.

Bleibe bei addEventListener für moderne Entwicklung.

Das Event-Objekt

Wenn ein Ereignis eintritt und deine Listener-Funktion aufgerufen wird, übergibt der Browser automatisch ein spezielles Objekt als erstes Argument an deine Funktion. Dies ist das **Event-Objekt**, und es enthält wertvolle Informationen über das gerade aufgetretene Ereignis.

Du musst einen Parameter in deiner Listener-Funktionsdefinition einschließen, um dieses Objekt zu empfangen (konventionell benannt event, evt oder einfach e).

```
function behandleButtonClick(event) { // *Parameter 'event' empfängt das Event-
Objekt*
    console.log('Event-Objekt empfangen:', event);
```

```
  // Zugriff auf Eigenschaften des Event-Objekts
  console.log('Ereignistyp:', event.type); // *z.B. "click"*
  console.log('Element, das Ereignis ausgelöst hat:', event.target); // *Der
Button selbst*
  console.log('Element, an das der Listener angehängt ist:',
event.currentTarget);

  nachrichtenBereich.textContent = `Ereignistyp "${event.type}" ist aufgetreten!
`;
}

button.addEventListener('click', behandleButtonClick);
```

Einige wesentliche Eigenschaften und Methoden des Event-Objekts umfassen:

- `event.type`: Ein String, der den Typ des ausgelösten Ereignisses angibt (z. B. "click", "mouseover").
- `event.target`: Eine Referenz auf das spezifische DOM-Element, das das Ereignis **ausgelöst** hat. Dies ist entscheidend für die Ereignisdelegation (später diskutiert). Wenn du beispielsweise auf Text *innerhalb* eines Buttons klickst, könnte `event.target` der Textknoten sein, während `currentTarget` immer noch der Button wäre, an den der Listener angehängt ist.
- `event.currentTarget`: Eine Referenz auf das Element, an das der Event Listener **aktuell angehängt ist**, während sich das Ereignis durch das DOM ausbreitet. In einfachen Fällen ohne Propagationsbedenken ist es oft dasselbe wie `event.target`.
- `event.preventDefault()`: Eine Methode, die du aufrufen kannst, um die Standardaktion des Browsers zu **stoppen**, die mit diesem Ereignis verbunden ist (falls vorhanden). Zum Beispiel das Stoppen der Navigation eines Links oder der Übermittlung eines Formulars.
- `event.stopPropagation()`: Eine Methode, um die weitere Ausbreitung des Ereignisses durch das DOM zu **stoppen** (stoppt typischerweise die "Bubbling"-Phase, die wir bald behandeln werden).
- **Koordinaten (Mausereignisse):** Eigenschaften wie `event.clientX`, `event.clientY` liefern die Koordinaten des Mauszeigers relativ zum sichtbaren Bereich des Browserfensters, als das Ereignis auftrat. `event.pageX`, `event.pageY` liefern Koordinaten relativ zum gesamten Dokument.
- **Tasteninformationen (Tastaturereignisse):** Eigenschaften wie `event.key` (z. B. "a", "Enter", "Shift") und `event.code` (z. B. "KeyA", "Enter", "ShiftLeft") liefern Details über die gedrückte Taste.

Das Erkunden des Event-Objekts in der Konsole (console.log(event)) ist eine großartige Möglichkeit, die spezifischen Informationen zu entdecken, die für verschiedene Ereignistypen verfügbar sind.

Gängige Ereignistypen

Es gibt eine Vielzahl von Ereignissen, auf die du lauschen kannst. Hier sind einige gängige Kategorien und Beispiele:

Mausereignisse

Diese beziehen sich auf Interaktionen mit dem Mauszeiger.

- click: Wird ausgelöst, wenn die primäre Maustaste auf einem Element geklickt (gedrückt und losgelassen) wird.
- dblclick: Wird ausgelöst, wenn die primäre Maustaste auf einem Element doppelt geklickt wird.
- mousedown: Wird ausgelöst, wenn die Maustaste über einem Element *gedrückt* wird.
- mouseup: Wird ausgelöst, wenn die Maustaste über einem Element *losgelassen* wird.
- mouseover: Wird ausgelöst, wenn der Mauszeiger *auf* ein Element oder eines seiner Kinder bewegt wird.
- mouseout: Wird ausgelöst, wenn der Mauszeiger *von* einem Element oder einem seiner Kinder wegbewegt wird.
- mousemove: Wird wiederholt ausgelöst, während sich der Mauszeiger über einem Element bewegt. (Mit Vorsicht verwenden, da es sehr häufig ausgelöst werden kann!).

```
const box = document.getElementById('hoverBox'); // *Angenommen <div
id="hoverBox"></div>*

box.addEventListener('mouseover', function(e) {
  e.target.style.backgroundColor = 'lightblue';
  console.log('Maus hat die Box betreten!');
});

box.addEventListener('mouseout', function(e) {
  e.target.style.backgroundColor = 'lightgray'; // *Hintergrund zurücksetzen*
  console.log('Maus hat die Box verlassen!');
});
```

Tastaturereignisse

Diese beziehen sich auf Tastatureingaben. Auf sie wird oft am `document` oder an spezifischen Eingabefeldern gelauscht.

- keydown: Wird ausgelöst, wenn eine Taste *gedrückt* wird. Wird wiederholt ausgelöst, wenn die Taste gedrückt gehalten wird. Gut zur Erkennung von Aktionen wie Enter oder Shift.
- keyup: Wird ausgelöst, wenn eine Taste *losgelassen* wird.
- keypress: (Veraltet) Wird ausgelöst, wenn eine Taste, die einen Zeichenwert erzeugt (wie 'a', '5', nicht Shift oder F1), gedrückt wird. Es wird allgemein empfohlen, stattdessen keydown oder keyup für bessere Konsistenz über Browser und Eingabemethoden hinweg zu verwenden.

```
const eingabeFeld = document.getElementById('meineEingabe'); // *Angenommen
<input id="meineEingabe">*

eingabeFeld.addEventListener('keydown', function(event) {
  console.log(`Taste gedrückt: ${event.key} (Code: ${event.code})`);
  if (event.key === 'Enter') {
      console.log('Enter-Taste wurde im Eingabefeld gedrückt!');
      // *Vielleicht ein Formular absenden oder eine Aktion durchführen*
  }
});
```

Formularereignisse

Diese beziehen sich auf Interaktionen mit HTML-Formularen und Formularelementen.

- submit: Wird am `<form>`-Element ausgelöst, wenn der Benutzer versucht, es abzusenden (z. B. durch Klicken auf einen Submit-Button oder Drücken von Enter in einem Feld). Oft verwendet mit `event.preventDefault()`, um eine Validierung durchzuführen, bevor das Absenden erlaubt wird.
- change: Wird für `<input>`, `<select>`- und `<textarea>`-Elemente ausgelöst, wenn ihr Wert vom Benutzer bestätigt wird (z. B. nach Auswahl einer Dropdown-Option, Aktivieren/Deaktivieren einer Checkbox oder wenn ein Eingabefeld den Fokus verliert, nachdem sein Wert geändert wurde).
- input: Wird **sofort** für `<input>`- oder `<textarea>`-Elemente ausgelöst, wann immer sich ihr Wert ändert. Nützlich für Echtzeit-Feedback oder Filterung während der Benutzereingabe.

- focus: Wird ausgelöst, wenn ein Element (wie ein Eingabefeld) den Fokus erhält (z. B. der Benutzer klickt darauf oder navigiert mit Tab dorthin).
- blur: Wird ausgelöst, wenn ein Element den Fokus verliert.

```
const meinFormular = document.getElementById('meinFormular'); // *Angenommen
<form id="meinFormular">*

meinFormular.addEventListener('submit', function(event) {
  console.log('Formularübermittlungsversuch erkannt.');
  // *Oft verhindert man die Standardübermittlung, um sie mit JS zu handhaben:*
  event.preventDefault();
  console.log('Standard-Formularübermittlung verhindert.');
  // *Hier Validierung durchführen oder Daten via fetch senden (Kapitel 17)*
});

const emailEingabe = document.getElementById('email'); // *Angenommen <input
id="email">*
emailEingabe.addEventListener('input', function(e) {
    console.log(`Wert des E-Mail-Feldes geändert zu: ${e.target.value}`);
});
```

Fenster- und Dokumentereignisse

Diese beziehen sich auf das Browserfenster oder den Ladevorgang des Dokuments.

- load: Wird am window-Objekt ausgelöst, wenn die gesamte Seite, einschließlich aller Ressourcen (Bilder, Stylesheets usw.), vollständig geladen ist.
- DOMContentLoaded: Wird am document-Objekt ausgelöst, wenn das initiale HTML-Dokument vollständig geladen und geparst wurde, **ohne** auf das Laden von Stylesheets, Bildern und Subframes zu warten. Dieses Ereignis wird oft viel früher als load ausgelöst und ist normalerweise das bevorzugte Ereignis zum Ausführen von JavaScript-Code, der mit dem DOM interagieren muss, sobald es bereit ist.
- resize: Wird am window-Objekt ausgelöst, wenn die Größe des Browserfensters geändert wird.
- scroll: Wird am document oder spezifischen scrollbaren Elementen ausgelöst, wenn der Benutzer scrollt. (Kann wie mousemove häufig ausgelöst werden).

```
// *Gängiges Muster: Warten, bis DOM bereit ist, bevor JS ausgeführt wird, das
es benötigt*
document.addEventListener('DOMContentLoaded', function() {
  console.log('DOM vollständig geladen und geparst!');
```

```
    // *Jetzt ist es sicher, Elemente auszuwählen und zu manipulieren*
    const hauptUeberschrift = document.getElementById('haupt-ueberschrift');
    if(hauptUeberschrift) {
        hauptUeberschrift.style.color = 'purple';
    }
});

window.addEventListener('resize', function() {
    console.log(`Fenstergröße geändert auf: ${window.innerWidth}x$
{window.innerHeight}`);
});
```

Ereignisweitergabe (Event Propagation)

Was passiert, wenn du verschachtelte Elemente hast und sowohl das innere Element als auch ein äußeres Element Event Listener für denselben Ereignistyp (wie 'click') haben? Welcher Listener wird zuerst ausgeführt? Dies wird durch die **Ereignisweitergabe (Event Propagation)** geregelt.

Ereignisse wandern durch das DOM in zwei Hauptphasen:

1. **Capturing-Phase:** Das Ereignis wandert den DOM-Baum *hinunter* vom window zum document, hinunter zu den Elternelementen und erreicht schließlich das event.target (das Element, bei dem das Ereignis ausgelöst wurde). Listener, die für die Capturing-Phase angehängt sind, werden während dieser Reise nach unten ausgeführt.
2. **Bubbling-Phase:** Nachdem das Ziel erreicht wurde, wandert das Ereignis den DOM-Baum wieder *hinauf* vom event.target durch seine Vorfahren, zurück zum document und window. Listener, die für die Bubbling-Phase angehängt sind, werden während dieser Reise nach oben ausgeführt.

Standardmäßig hängt addEventListener **Listener für die Bubbling-Phase an.** Dies ist das häufigste und oft intuitivste Modell.

Stell dir dieses HTML vor:

```
<div id="aeusseresDiv" style="padding: 30px; background-color: lightblue;">
    Äußeres Div
    <button id="innererButton" style="padding: 10px; background-color:
lightcoral;">
        Innerer Button
    </button>
```

```
</div>
```

Und dieses JavaScript:

```
const aeusseresDiv = document.getElementById('aeusseresDiv');
const innererButton = document.getElementById('innererButton');

aeusseresDiv.addEventListener('click', function(event) {
  console.log('Äußeres Div geklickt! Ziel:', event.target.id);
});

innererButton.addEventListener('click', function(event) {
  console.log('Innerer Button geklickt! Ziel:', event.target.id);
});
```

Wenn du den **Inneren Button** klickst:

1. Das Klick-Ereignis entsteht auf dem Button (event.target ist innererBu-tton).
2. Der Klick-Listener des Buttons wird ausgeführt: "Innerer Button geklickt! Ziel: innererButton".
3. Das Ereignis **steigt auf (bubbles up)** zum aeusseresDiv.
4. Der Klick-Listener des aeusseresDiv wird ausgeführt: "Äußeres Div geklickt! Ziel: innererButton" (beachte, event.target ist immer noch der Button, bei dem der Klick ausgelöst wurde).

Propagation stoppen: Manchmal möchtest du ein Ereignis auf einem inneren Element behandeln und verhindern, dass es Listener auf Vorfahrenelementen auslöst. Du kannst dies tun, indem du event.stopPropagation() innerhalb des Listeners des inneren Elements aufrufst.

```
innererButton.addEventListener('click', function(event) {
  console.log('Innerer Button geklickt (Propagation gestoppt)!');
  event.stopPropagation(); // *Stoppt das Aufsteigen des Ereignisses*
});

// *Wenn du jetzt den inneren Button klickst, läuft nur der Listener des
Buttons.*
// *Der Listener des äußeren Divs wird NICHT für Klicks auf den Button
ausgeführt.*
```

Capturing-Phase (weniger gebräuchlich): Du kannst einen Listener explizit an die Capturing-Phase anhängen, indem du `true` oder `{ capture: true }` als drittes Argument an `addEventListener` übergibst. Capturing-Listener werden *vor* Bubbling-Listenern ausgeführt. Dies wird seltener benötigt, kann aber in spezifischen Szenarien nützlich sein, z. B. um Ereignisse frühzeitig abzufangen.

```
// *Listener angehängt, um während der Capture-Phase zu laufen*
// aeusseresDiv.addEventListener('click', function(event) {
//   console.log('Äußeres Div geklickt (Capture-Phase)');
// }, true);
```

Standard-Browseraktionen verhindern

Wie erwähnt, haben bestimmte HTML-Elemente eingebaute Browser-Verhaltensweisen, die mit spezifischen Ereignissen verbunden sind.

- Das Klicken auf einen Link (`<a>`-Tag mit `href`) navigiert zu dieser URL.
- Das Klicken auf einen Submit-Button innerhalb eines `<form>` sendet die Formulardaten ab und lädt normalerweise die Seite neu.
- Das Drücken bestimmter Tasten in Eingabefeldern kann Standardaktionen auslösen.

Oft möchtest du diese Aktionen abfangen und mit deiner eigenen JavaScript-Logik behandeln. Die Methode `event.preventDefault()` wird dafür verwendet.

Beispiel: Formularvalidierung

```
<form id="registrierungsFormular">
  <label for="email">E-Mail:</label>
  <input type="email" id="email" required>
  <p id="emailFehler" style="color: red; display: none;">Bitte geben Sie eine
gültige E-Mail ein.</p>
  <button type="submit">Registrieren</button>
</form>

const registrierungsFormular =
document.getElementById('registrierungsFormular');
const emailEingabe = document.getElementById('email');
const emailFehler = document.getElementById('emailFehler');

registrierungsFormular.addEventListener('submit', function(event) {
  console.log('Submit-Ereignis ausgelöst.');
```

```
    // *Einfache Validierung: Prüfen, ob E-Mail '@' enthält*
    if (!emailEingabe.value.includes('@')) {
        console.log('Validierung fehlgeschlagen. Übermittlung wird verhindert.');
        emailFehler.style.display = 'block'; // *Fehlermeldung anzeigen*
        event.preventDefault(); // *STOPPT das tatsächliche Absenden des Formulars*
    } else {
        console.log('Validierung erfolgreich. Übermittlung wird zugelassen (oder via
JS behandelt).');
        emailFehler.style.display = 'none'; // *Fehlermeldung ausblenden*
        // *Wenn du via JavaScript senden wolltest (z.B. mit fetch):*
        // event.preventDefault(); // *Trotzdem Standard verhindern*
        // *... dein fetch-Code hier ...*
    }
});
```

Indem wir `event.preventDefault()` aufrufen, wenn die Validierung fehlschlägt, stoppen wir den standardmäßigen Formularübermittlungsprozess des Browsers und können stattdessen eine Fehlermeldung anzeigen.

Ereignisdelegation (Event Delegation)

Stell dir eine lange Liste (`<ul>`) vor, bei der jedes Listenelement (`<li>`) auf einen Klick reagieren muss. Das Anfügen eines einzelnen Event Listeners an *jedes einzelne* `<li>` kann ineffizient werden, besonders wenn die Liste sehr lang ist oder Elemente häufig dynamisch hinzugefügt und entfernt werden.

Ereignisdelegation bietet eine effizientere Lösung durch Nutzung des Event Bubblings. Anstatt Listener an jedes Kindelement anzuhängen, hängst du einen **einzigen Listener** an ein gemeinsames Vorfahrenelement an (wie das übergeordnete `<ul>`).

Innerhalb des Listeners des Elternteils verwendest du `event.target`, um festzustellen, welches spezifische Kindelement das Ereignis tatsächlich ausgelöst hat.

```
<ul id="eltern-liste">
  <li data-id="item-1">Element 1</li>
  <li data-id="item-2">Element 2</li>
  <li data-id="item-3">Element 3</li>
  <!-- Viele weitere Elemente... -->
</ul>
<p id="delegationsNachricht"></p>

const elternListe = document.getElementById('eltern-liste');
const delegationsNachricht = document.getElementById('delegationsNachricht');
```

```
// Hänge EINEN Listener an die übergeordnete UL an
elternListe.addEventListener('click', function(event) {
  console.log(`Klick innerhalb der UL erkannt. Ziel:`, event.target);

  // *Prüfen, ob das geklickte Element (event.target) tatsächlich ein LI ist*
  if (event.target.tagName === 'LI') {
    // *Oder prüfe, ob es eine spezifische Klasse hat: if
(event.target.classList.contains('element'))*

    // *Zugriff auf Daten des geklickten LI*
    const elementId = event.target.getAttribute('data-id') ||
event.target.textContent;

    delegationsNachricht.textContent = `Du hast auf Listenelement geklickt: $
{elementId}`;

    // *Optional Propagation stoppen, falls nötig*
    // event.stopPropagation();
  } else {
      delegationsNachricht.textContent = `Du hast innerhalb der UL geklickt,
aber nicht auf ein Element.`;
  }
});

// *Wenn du später dynamisch weitere LIs mit JS hinzufügst, funktioniert dieser
Listener*
// *automatisch auch für sie!*
// const neuesElement = document.createElement('li');
// neuesElement.textContent = 'Element 4 (später hinzugefügt)';
// elternListe.appendChild(neuesElement);
```

Vorteile der Ereignisdelegation:

- **Performance:** Weniger angehängte Event Listener bedeuten weniger Speicherverbrauch und Einrichtungszeit.
- **Einfachheit:** Einfacher zu verwalten als potenziell Hunderte von Listenern.
- **Dynamische Elemente:** Funktioniert automatisch für Elemente, die dem Elternteil hinzugefügt werden, *nachdem* der Listener angehängt wurde, ohne dass explizit neue Listener hinzugefügt werden müssen.

Ereignisdelegation ist ein mächtiges und gängiges Muster in der JavaScript-Ereignisbehandlung.

Kapitelzusammenfassung

Dieses Kapitel beleuchtete die Welt der **Events** in JavaScript, den Schlüssel zur Schaffung interaktiver Weberlebnisse. Wir lernten, wie man **Event Listener** mit `addEventListener(ereignisTyp, listenerFunktion)` anhängt, um Elemente auf Ereignisse reagieren zu lassen. Wir untersuchten das entscheidende **Event-Objekt**, das automatisch an Listener-Funktionen übergeben wird und wichtige Details über das Ereignis liefert (`event.type`, `event.target`). Wir überblickten **gängige Ereignistypen** in Kategorien wie Maus-, Tastatur-, Formular- und Fensterereignisse. Das Konzept der **Ereignisweitergabe (Event Propagation)** (Bubbling und Capturing) wurde erklärt, wobei gezeigt wurde, wie Ereignisse durch das DOM wandern und wie `event.stopPropagation()` diesen Prozess stoppen kann. Wir lernten, wie man `event.preventDefault()` verwendet, um standardmäßige Browser-Verhaltensweisen für Elemente wie Links und Formulare zu überschreiben. Schließlich deckten wir das effiziente **Ereignisdelegationsmuster** auf, bei dem ein einzelner Listener auf einem Elternelement Ereignisse für viele Kindelemente behandeln kann, indem `event.target` inspiziert wird.

Du kannst nun deine Webseiten auf Benutzeraktionen reagieren lassen und die Lücke zwischen statischen Dokumenten und dynamischen Anwendungen schließen. Viele Webinteraktionen sind jedoch nicht augenblicklich. Aktionen wie das Abrufen von Daten von einem Server, das Warten auf Benutzereingaben über die Zeit oder das Setzen von Timern beinhalten Verzögerungen. JavaScript benötigt eine Möglichkeit, diese zeitverzögerten Operationen zu handhaben, ohne den Browser einzufrieren. Im nächsten Kapitel werden wir beginnen, **Asynchrones JavaScript** zu erkunden, beginnend mit dem traditionellen Ansatz unter Verwendung von Callback-Funktionen.

12

Asynchrones JavaScript und Callbacks

In den letzten Kapiteln haben wir gelernt, wie man Webseiten zum Leben erweckt. Wir können Elemente mit dem DOM auswählen (Kapitel 10) und sie mittels Events auf Benutzerinteraktionen reagieren lassen (Kapitel 11). Das Klicken auf einen Button kann nun eine Funktion auslösen, die Text oder Stile ändert – alles fühlt sich augenblicklich an. Viele gängige Weboperationen sind jedoch *nicht* augenblicklich.

Denk an diese Szenarien:

- Abrufen von Benutzerdaten von einem entfernten Server über das Internet.
- Warten, bis ein Benutzer eine große Datei hochgeladen hat.
- Setzen eines Timers, um einen Codeabschnitt nach einigen Sekunden auszuführen.
- Lesen von Daten aus dem lokalen Speicher des Computers.

Diese Aufgaben benötigen Zeit, von Millisekunden bis hin zu potenziell vielen Sekunden oder sogar Minuten. Wie handhabt JavaScript, das wir bisher als zeilenweise Ausführung kennengelernt haben, diese Verzögerungen, ohne den gesamten Browser einzufrieren? Dieses Kapitel führt das grundlegende Konzept der **asynchronen Programmierung** in JavaScript ein und untersucht den traditionellen Mechanismus zur Verwaltung: **Callback-Funktionen**.

Synchroner vs. Asynchroner Code

Um asynchrone Operationen zu verstehen, klären wir zunächst, was **synchron** bedeutet. Der meiste Code, den wir bisher geschrieben haben, war synchron.

- **Synchrone Ausführung:** Code wird Zeile für Zeile ausgeführt, eine Anweisung nach der anderen. Jede Anweisung muss abgeschlossen sein, bevor die nächste beginnen kann. Wenn eine Anweisung lange dauert, wartet das gesamte Programm.

  Stell es dir wie eine einspurige Straße vor – ein Auto muss einen Punkt passieren, bevor das nächste kann. Oder stell dir einen Telefonanruf vor – du wartest, bis die andere Person antwortet und das Gespräch beendet ist, bevor du etwas anderes tun kannst.

  ```
  console.log("Erste Aufgabe: Start");
  // *Stell dir hier eine zeitaufwändige synchrone Aufgabe vor*
  // *z.B. eine komplexe Berechnung (schwer gut zu simulieren)*
  // *for (let i = 0; i < 1_000_000_000; i++) { /* beschäftigte Arbeit
  */ }*
  console.log("Zweite Aufgabe: Die (blockierende) erste Aufgabe
  beendet.");
  console.log("Dritte Aufgabe: Alles erledigt.");
  ```

  In wirklich synchronem Code würde "Zweite Aufgabe" erst ausgegeben werden, nachdem die zeitaufwändige Aufgabe vollständig abgeschlossen ist.

- **Asynchrone Ausführung:** Ermöglicht es dem Programm, eine Aufgabe zu initiieren, die Zeit in Anspruch nehmen könnte (wie das Abrufen von Daten), und dann mit der nächsten Codezeile *fortzufahren*, *ohne* auf den Abschluss der initiierten Aufgabe zu warten. Wenn die langlaufende Aufgabe schließlich abgeschlossen ist, wird ein Mechanismus (wie eine Callback-Funktion) verwendet, um ihr Ergebnis zu verarbeiten oder das Programm zu benachrichtigen.

  Stell es dir wie das Bestellen von Essen an einer Theke vor, wo sie dir einen Pager geben. Du gibst deine Bestellung auf (initiierst die Aufgabe), dann kannst du dich hinsetzen oder mit Freunden plaudern (zu anderen Aufgaben übergehen). Wenn das Essen fertig ist (Aufgabe abgeschlossen), klingelt der Pager (Benachrichtigung), und du holst dein Essen ab (verarbeitest das Ergebnis). Der Schlüssel ist, dass du nicht die ganze Zeit an der Theke festgesteckt hast.

```
console.log("Erste Aufgabe: Essen bestellen (starte asynchrone
Aufgabe)");

// *setTimeout simuliert eine asynchrone Operation, die Zeit benötigt*
setTimeout(function() {
    // *Diese Funktion (der Callback) läuft SPÄTER*
    console.log("Asynchrone Aufgabe abgeschlossen: Essen ist fertig!");
}, 2000); // *2000 Millisekunden = 2 Sekunden Verzögerung*

console.log("Zweite Aufgabe: Habe meinen Pager, mache andere Dinge...");
console.log("Dritte Aufgabe: Warte immer noch auf Essen, aber nicht
blockiert.");

// *Ausgabereihenfolge:*
// Erste Aufgabe: Essen bestellen (starte asynchrone Aufgabe)
// Zweite Aufgabe: Habe meinen Pager, mache andere Dinge...
// Dritte Aufgabe: Warte immer noch auf Essen, aber nicht blockiert.
// (nach ~2 Sekunden)
// Asynchrone Aufgabe abgeschlossen: Essen ist fertig!
```

Beachte, wie die zweite und dritte Aufgabe ausgegeben werden, *bevor* die asynchrone Aufgabe abgeschlossen ist. Das Programm hat nicht gewartet.

Das Problem mit blockierendem Code

Warum ist dieser Unterschied so wichtig, besonders in Webbrowsern? JavaScript im Browser (zum größten Teil im Zusammenhang mit Benutzeroberflächen-Updates) läuft in einem **einzigen Thread**. Stell dir diesen Thread als einen einzelnen Arbeiter vor, der für alles verantwortlich ist: die Ausführung deines JavaScript-Codes, die Aktualisierung dessen, was der Benutzer auf dem Bildschirm sieht (Rendern von HTML und CSS), und die Reaktion auf Benutzerinteraktionen (wie Klicks und Scrollen).

Wenn du eine langlaufende **synchrone** Aufgabe in diesem einzelnen Thread ausführst, wird der Arbeiter vollständig von dieser Aufgabe beansprucht. Während er beschäftigt ist, kann er **nichts** anderes tun. Dies führt zu:

- **Eingefrorene Benutzeroberfläche (UI):** Die Seite reagiert nicht mehr. Buttons reagieren nicht auf Klicks, Animationen stoppen, das Scrollen hält an.
- **Schlechte Benutzererfahrung:** Benutzer sehen eine festgefahrene Seite und denken möglicherweise, die Website oder sogar ihr Browser sei abgestürzt.
- **"Browser reagiert nicht"-Warnungen:** Der Browser selbst erkennt möglicherweise, dass die Seite hängt, und fordert den Benutzer auf, zu warten oder die Seite zu schließen.

Betrachte die eingebaute `alert()`-Funktion. Obwohl einfach, ist sie tatsächlich eine *synchrone*, blockierende Funktion.

```
console.log("Vor alert");
alert("Dies blockiert alles! Klicke OK, um fortzufahren."); // *UI friert hier
ein*
console.log("Nach alert"); // *Dies läuft erst nach dem OK-Klick*
```

Während `alert` ein offensichtliches Beispiel ist, kann jede synchrone JavaScript-Operation, die erhebliche Zeit in Anspruch nimmt (komplexe Berechnungen, synchrone Verarbeitung großer Datenmengen), dasselbe blockierende Problem verursachen.

Daher **müssen** Operationen, die inhärent Warten beinhalten (wie Netzwerkanfragen, Timer, Datei-I/O), in JavaScript asynchron gehandhabt werden, um den Hauptthread frei und die Benutzeroberfläche reaktionsfähig zu halten.

Asynchrone Operationen in Aktion

Kehren wir zu `setTimeout` zurück, einer eingebauten Browserfunktion, die das asynchrone Muster perfekt illustriert.

Syntax: `setTimeout(callbackFunktion, verzoegerungInMillisekunden)`

- `callbackFunktion`: Die Funktion, die *nach* der Verzögerung ausgeführt werden soll.
- `verzoegerungInMillisekunden`: Die Mindestzeit (in Millisekunden), die gewartet werden soll, bevor der Callback ausgeführt wird. 1000ms = 1 Sekunde.

```
console.log("Programmstart");

setTimeout(function meldeSpaeter() {
  // *Dies ist die Callback-Funktion*
  console.log("Timer nach 1,5 Sekunden beendet!");
}, 1500); // *Warte 1,5 Sekunden*

console.log("setTimeout angefordert, aber Programm läuft weiter...");

setTimeout(function meldeFrueher() {
  console.log("Timer nach 0,5 Sekunden beendet!");
}, 500); // *Warte 0,5 Sekunden*
```

```
console.log("Programmende");

// *Erwartete Ausgabereihenfolge:*
// Programmstart
// setTimeout angefordert, aber Programm läuft weiter...
// Programmende
// (nach ~0,5 Sekunden)
// Timer nach 0,5 Sekunden beendet!
// (nach ~1,5 Sekunden vom Start)
// Timer nach 1,5 Sekunden beendet!
```

Wichtige Erkenntnisse aus setTimeout:

1. Der Aufruf von setTimeout **pausiert nicht** die Ausführung des Programms. Er plant lediglich die callbackFunktion zur späteren Ausführung.
2. Der Code nach dem setTimeout-Aufruf wird sofort ausgeführt.
3. Die Callback-Funktionen werden erst ausgeführt, nachdem ihre jeweiligen Verzögerungen abgelaufen sind *und* der Haupt-JavaScript-Thread frei ist.

Wie funktioniert das hinter den Kulissen? (Vereinfachte Ansicht) Browser verwalten asynchrone Operationen mithilfe einer **Ereignisschleife (Event Loop)** und einer **Callback-Warteschlange (Callback Queue)**.

- Wenn du setTimeout aufrufst, nimmt der Timer-Mechanismus des Browsers den Callback und die Verzögerung zur Kenntnis.
- Dein Haupt-JavaScript-Code läuft weiter.
- Wenn der Timer abläuft, platziert der Browser die callbackFunktion in die Callback-Warteschlange.
- Die **Ereignisschleife** prüft kontinuierlich, ob der Haupt-JavaScript-Ausführungsstapel (Execution Stack) leer ist.
- Wenn der Stapel leer ist *und* eine Funktion in der Callback-Warteschlange wartet, nimmt die Ereignisschleife die Funktion aus der Warteschlange, legt sie auf den Ausführungsstapel und führt sie aus.

Dieser Mechanismus stellt sicher, dass asynchrone Callbacks den aktuell laufenden synchronen Code nicht unterbrechen und nur ausgeführt werden, wenn der Hauptthread verfügbar ist, wodurch die UI reaktionsfähig bleibt. Du musst die Ereignisschleife nicht direkt verwalten, aber ihr Verständnis hilft zu klären, warum sich asynchroner Code so verhält, wie er es tut.

Callback-Funktionen

Wir haben gesehen, dass `setTimeout` eine als Argument übergebene Funktion (einen Callback) verwendet, um Code später auszuführen. Dieses Muster – die Übergabe einer Funktion, die nach Abschluss aufgerufen werden soll – ist die Kernidee hinter der traditionellen asynchronen Handhabung in JavaScript.

Simulieren wir eine Funktion, die Benutzerdaten asynchron "abruft".

```javascript
function ladeBenutzerDaten(benutzerId, callback) {
  console.log(`Lade Daten für Benutzer ${benutzerId}...`);

  // *Netzwerkverzögerung simulieren*
  setTimeout(function() {
    // *Simulieren, dass die Daten gefunden wurden*
    const benutzerDaten = {
        id: benutzerId,
        name: `Benutzer ${benutzerId}`,
        email: `benutzer${benutzerId}@example.com`
    };
    console.log(`Daten für Benutzer ${benutzerId} gefunden.`);

    // *Die Callback-Funktion ausführen und die Daten zurückgeben*
    callback(benutzerDaten);
  }, 1000); // *Simuliere 1 Sekunde Verzögerung*
}

// *Definiere die Funktion zur Verarbeitung der Daten, sobald sie eintreffen*
function zeigeBenutzerDaten(benutzer) {
  console.log("--- Benutzerdaten empfangen ---");
  console.log(`Name: ${benutzer.name}`);
  console.log(`Email: ${benutzer.email}`);
  console.log("--------------------------");
}

// *Rufe ladeBenutzerDaten auf und übergebe zeigeBenutzerDaten als Callback*
console.log("Benutzerdaten anfordern...");
ladeBenutzerDaten(123, zeigeBenutzerDaten);
console.log("Anfrage gesendet, warte auf Daten...");

// *Ausgabe:*
// Benutzerdaten anfordern...
// Lade Daten für Benutzer 123...
// Anfrage gesendet, warte auf Daten...
// (nach ~1 Sekunde)
// Daten für Benutzer 123 gefunden.
```

```
// --- Benutzerdaten empfangen ---
// Name: Benutzer 123
// Email: benutzer123@example.com
// ---------------------------
```

In diesem Beispiel:

1. Wir rufen `ladeBenutzerDaten` auf und übergeben die Benutzer-ID und die Funktion `zeigeBenutzerDaten`.
2. `ladeBenutzerDaten` startet die simulierte Verzögerung mit `setTimeout`.
3. Unser Hauptcode fährt fort und gibt "Anfrage gesendet..." aus.
4. Nach der Verzögerung wird der `setTimeout`-Callback innerhalb von `ladeBenutzerDaten` ausgeführt.
5. Es erstellt das `benutzerDaten`-Objekt.
6. Entscheidend ist, dass es dann die ursprünglich bereitgestellte `callback`-Funktion (`zeigeBenutzerDaten`) aufruft und das `benutzerDaten`-Objekt als Argument übergibt.
7. `zeigeBenutzerDaten` wird ausgeführt und protokolliert die empfangenen Informationen.

Die Callback-Funktion fungiert als Brücke und ermöglicht es der asynchronen Operation (`ladeBenutzerDaten`), ihr Ergebnis an den Teil des Codes zurückzuliefern, der es benötigt, sobald das Ergebnis bereit ist.

Callback Hell (Die Hölle der Rückruffunktionen)

Callbacks funktionieren gut für einfache asynchrone Operationen. Probleme treten jedoch auf, wenn du **mehrere asynchrone Operationen nacheinander** ausführen musst, wobei jeder Schritt vom Ergebnis des vorherigen abhängt.

Stell dir vor, du musst:

1. Eine Benutzer-ID abrufen.
2. Die ID verwenden, um Benutzerdetails abzurufen.
3. Die Benutzerdetails verwenden, um deren letzte Beiträge abzurufen.

Mit dem Callback-Muster würde jeder Schritt das Verschachteln des nächsten asynchronen Aufrufs innerhalb des Callbacks des vorherigen beinhalten:

```
function schritt1(callback) {
  console.log("Schritt 1: Lade Benutzer-ID...");
  setTimeout(() => {
    const benutzerId = 5; // *Simuliertes Ergebnis*
    console.log("Schritt 1 abgeschlossen. Benutzer-ID:", benutzerId);
    callback(benutzerId); // *Ergebnis an die Funktion des nächsten Schritts
übergeben*
  }, 500);
}

function schritt2(benutzerId, callback) {
  console.log("Schritt 2: Lade Details für Benutzer", benutzerId);
  setTimeout(() => {
    const benutzerDetails = { name: "Alice", id: benutzerId }; // *Simuliertes
Ergebnis*
    console.log("Schritt 2 abgeschlossen. Details:", benutzerDetails);
    callback(benutzerDetails); // *Ergebnis an die Funktion des nächsten
Schritts übergeben*
  }, 500);
}

function schritt3(benutzerDetails, callback) {
  console.log("Schritt 3: Lade Beiträge für Benutzer", benutzerDetails.name);
  setTimeout(() => {
    const beitraege = ["Beitrag A", "Beitrag B"]; // *Simuliertes Ergebnis*
    console.log("Schritt 3 abgeschlossen. Beiträge:", beitraege);
    callback(beitraege); // *Ergebnis an den finalen Handler übergeben*
  }, 500);
}

// --- Die verschachtelte Struktur ---
console.log("Starte sequentielle asynchrone Operationen...");

schritt1(function(empfangeneBenutzerId) { // *Callback für Schritt 1*
  schritt2(empfangeneBenutzerId, function(empfangeneBenutzerDetails) { //
*Callback für Schritt 2*
    schritt3(empfangeneBenutzerDetails, function(empfangeneBeitraege) { //
*Callback für Schritt 3*
      // *Schließlich das Ergebnis des letzten Schritts verarbeiten*
      console.log("--- Alle Schritte abgeschlossen ---");
      console.log("Finale Beiträge:", empfangeneBeitraege);
      console.log("--------------------------");
    });
  });
});

console.log("Alle Anfragen initiiert...");
```

Schau dir die Einrückung der Callbacks an! Diese tief verschachtelte Struktur ist bekannt als die **Pyramide des Verderbens (Pyramid of Doom)** oder **Callback Hell**.

Warum ist Callback Hell problematisch?

- **Lesbarkeit:** Der Code wird sehr schwer zu lesen und der logische Fluss schwer nachvollziehbar.
- **Wartbarkeit:** Das Hinzufügen neuer Schritte, das Ändern bestehender oder das Ändern der Reihenfolge wird komplex und fehleranfällig.
- **Fehlerbehandlung:** Die konsistente Fehlerbehandlung über mehrere verschachtelte Callbacks hinweg wird umständlich. Oft benötigst du explizite Fehlerprüfungen in jedem Callback.

Obwohl Techniken existieren, um Callback Hell leicht abzumildern (wie das Benennen von Funktionen anstelle der Verwendung anonymer Funktionen oder die Verwendung von Hilfsbibliotheken), bleibt das grundlegende Verschachtelungsproblem beim Basis-Callback-Muster für sequentielle asynchrone Operationen bestehen.

Kapitelzusammenfassung

Dieses Kapitel führte den entscheidenden Unterschied zwischen **synchroner** (blockierend, nacheinander) und **asynchroner** (nicht blockierend, passiert später) Ausführung in JavaScript ein. Wir sahen, warum die asynchrone Handhabung zeitaufwändiger Operationen für die Aufrechterhaltung einer reaktionsfähigen Benutzeroberfläche in der Single-Threaded-Umgebung des Browsers unerlässlich ist. Wir verwendeten `setTimeout` als Paradebeispiel für eine Browser-API, die asynchron arbeitet. Anschließend definierten wir **Callback-Funktionen** als den traditionellen Mechanismus zur Verarbeitung von Ergebnissen oder Benachrichtigungen von asynchronen Operationen nach deren Abschluss. Schließlich illustrierten wir den signifikanten Nachteil, sich ausschließlich auf Callbacks für sequentielle asynchrone Aufgaben zu verlassen: das als **Pyramide des Verderbens** oder **Callback Hell** bekannte Verschachtelungsmuster, das die Lesbarkeit und Wartbarkeit beeinträchtigt.

Callbacks legten den Grundstein für die asynchrone Programmierung in JavaScript, aber ihre Einschränkungen ebneten den Weg für neuere, sauberere Ansätze. Im nächsten Kapitel werden wir **Promises** untersuchen, eine leistungsstarke eingebaute Funktion, die speziell entwickelt wurde, um asynchrone Operationen effektiver zu verwalten und der gefürchteten Pyramide des Verderbens zu entkommen.

13
Promises

Im letzten Kapitel haben wir uns durch die Welt der asynchronen Operationen mithilfe von Callbacks navigiert. Obwohl funktional, sahen wir, wie schnell sich die Dinge verheddern können, was zur berüchtigten "Pyramide des Verderbens" oder "Callback Hell" führt, wenn man mit sequentiellen asynchronen Aufgaben umgeht. Die verschachtelte Struktur machte Code schwer lesbar, schwer zu debuggen und fehleranfällig. Glücklicherweise entwickelte sich JavaScript weiter, und ein viel saubereres, robusteres Muster zur Handhabung asynchroner Operationen entstand: **Promises**. Dieses Kapitel stellt Promises vor, erklärt, was sie sind, wie sie funktionieren und wie sie uns helfen, asynchronen Code zu schreiben, der deutlich überschaubarer und lesbarer ist.

Was sind Promises?

Stell dir ein Promise wie einen Schuldschein oder eine Quittung vor, die du erhältst, wenn du etwas bestellst, das nicht sofort fertig ist. Du hast den eigentlichen Artikel noch nicht, aber du hast ein *Versprechen* (Promise), dass du schließlich entweder den bestellten Artikel (bei Erfolg) oder eine Benachrichtigung erhalten wirst, die erklärt, warum du ihn nicht bekommen konntest (wenn etwas schief ging).

In JavaScript ist ein **Promise** ein Objekt, das die *schließliche Erfüllung (oder das Fehlschlagen)* einer asynchronen Operation und ihren resultierenden Wert repräsentiert.

Kernideen:

- Ein Promise fungiert als **Platzhalter** für einen Wert, der zum Zeitpunkt der Erstellung des Promises nicht unbedingt bekannt ist.
- Es ermöglicht dir, Handler (Callback-Funktionen) mit dem eventuellen Erfolgswert oder Fehlergrund einer asynchronen Aktion zu verknüpfen.
- Es bietet eine strukturierte Möglichkeit, asynchrone Ergebnisse und Fehler zu behandeln und vermeidet tiefe Verschachtelungen.

Anstatt eine Callback-Funktion direkt *in* die asynchrone Funktion zu übergeben, wie wir es in Kapitel 12 getan haben (`ladeBenutzerDaten(123, zeigeBenutzerDaten)`), geben asynchrone Funktionen, die Promises verwenden, typischerweise sofort ein Promise-Objekt *zurück*. Du hängst dann deine Erfolgs- und Fehlerbehandlungsfunktionen *an dieses zurückgegebene Promise-Objekt* an.

Promise-Zustände

Ein Promise existiert in einem von drei sich gegenseitig ausschließenden Zuständen:

1. **Pending (Ausstehend):** Dies ist der Anfangszustand, wenn das Promise erstellt wird. Die mit dem Promise verbundene asynchrone Operation ist noch nicht abgeschlossen oder fehlgeschlagen. Das Promise ist "unsettled" (unerledigt). Stell dir das so vor, als würdest du nach Erhalt der Quittung auf deine Bestellung warten.
2. **Fulfilled (Erfüllt oder Resolved):** Die asynchrone Operation wurde erfolgreich abgeschlossen. Das Promise hat jetzt einen resultierenden Wert. Das Promise ist "settled" (erledigt). Deine Bestellung ist fertig und geliefert!
3. **Rejected (Abgelehnt):** Die asynchrone Operation ist fehlgeschlagen. Das Promise hat jetzt einen Grund für das Fehlschlagen (typischerweise ein Error-Objekt). Das Promise ist "settled" (erledigt). Es gab ein Problem, und sie sagen dir, warum deine Bestellung nicht abgeschlossen werden konnte.

Ein entscheidendes Merkmal von Promises ist, dass sich ihr Zustand und ihr resultierender Wert (oder Grund) **niemals ändern**, sobald sie "settled" (erledigt) sind (entweder erfüllt oder abgelehnt). Ein Promise kann nur einmal erfolgreich sein oder fehlschlagen.

Promises erstellen (Seltener für Anfänger)

Obwohl du Promises meistens *konsumieren* wirst, die von eingebauten Browser-APIs (wie `fetch`) oder Drittanbieter-Bibliotheken zurückgegeben werden, ist es hilfreich zu verstehen, wie sie erstellt werden. Du verwendest den `Promise`-Konstruktor:

```
const meinErstesPromise = new Promise((resolve, reject) => {
  // *Innerhalb dieser Funktion (dem "Executor") führst du deine asynchrone
Operation durch*
  console.log("Executor-Funktion gestartet... (Asynchrone Operation beginnt)");

  // *Simuliere eine asynchrone Aufgabe*
  setTimeout(() => {
    const operationErfolgreich = Math.random() > 0.3; // *Simuliere
Erfolg/Fehlschlag*

    if (operationErfolgreich) {
      const ergebnisWert = "Operation erfolgreich! Daten sind hier.";
      console.log("Asynchrone Operation erfolgreich. Resolving Promise...");
      resolve(ergebnisWert); // *Rufe resolve() bei Erfolg auf und übergebe das
Ergebnis*
    } else {
      const fehlerGrund = new Error("Operation fehlgeschlagen!");
      console.error("Asynchrone Operation fehlgeschlagen. Rejecting
Promise...");
      reject(fehlerGrund); // *Rufe reject() bei Fehlschlag auf und übergebe den
Grund*
    }
  }, 1500); // *Simuliere 1,5 Sekunden Verzögerung*
});

console.log("Promise erstellt (aktuell ausstehend).");
```

Der Promise-Konstruktor benötigt ein einziges Argument: eine "Executor"-Funktion.
Diese Executor-Funktion selbst erhält zwei Argumente, die *Funktionen* sind, die vom
Promise-Mechanismus bereitgestellt werden:

- resolve(wert): Du rufst diese Funktion auf, wenn deine asynchrone Operation erfolgreich abgeschlossen ist, und übergibst den resultierenden wert.
  Dies überführt das Promise von 'pending' zu 'fulfilled'.
- reject(grund): Du rufst diese Funktion auf, wenn deine asynchrone Operation fehlschlägt, und übergibst den grund (normalerweise ein Error-Objekt).
  Dies überführt das Promise von 'pending' zu 'rejected'.

Nochmal, typischerweise wirst du Promises *verwenden*, die von Funktionen wie
fetch() zurückgegeben werden, und sie nicht oft manuell so erstellen, wenn du
anfängst.

Promises konsumieren (`.then()`)

Du hast also ein Promise-Objekt (entweder eines, das du erstellt hast, oder eines, das von einer API zurückgegeben wurde). Wie registrierst du den Code, der ausgeführt werden soll, wenn das Promise *erfüllt* wird? Du verwendest die `.then()`-Methode.

```
promise.then(wennErfuellt);
```

- `promise`: Das Promise-Objekt, das du behandeln möchtest.
- `.then()`: Die Methode, die du auf dem Promise aufrufst.
- `wennErfuellt`: Eine **Callback-Funktion**, die ausgeführt wird, *falls und wenn* das promise in den 'fulfilled'-Zustand übergeht. Diese Funktion erhält automatisch den Erfüllungswert des Promises als einziges Argument.

Konsumieren wir das `meinErstesPromise`, das wir zuvor erstellt haben:

```
console.log("Hänge .then-Handler an das Promise an...");

meinErstesPromise.then(function behandleErfolg(ergebnis) {
  // *Diese Funktion läuft NUR, wenn das Promise erfüllt wird*
  console.log("--- .then() Handler ---");
  console.log("Promise Erfüllt! Ergebnis:", ergebnis);
  console.log("----------------------");
});

console.log("Handler angehängt. Warte auf Erledigung des Promises...");

// *Mögliche Ausgabe-Szenarien:*

// *Szenario 1 (Promise Erfüllt):*
// Executor-Funktion gestartet... (Asynchrone Operation beginnt)
// Promise erstellt (aktuell ausstehend).
// Hänge .then-Handler an das Promise an...
// Handler angehängt. Warte auf Erledigung des Promises...
// (nach ~1,5 Sekunden)
// Asynchrone Operation erfolgreich. Resolving Promise...
// --- .then() Handler ---
// Promise Erfüllt! Ergebnis: Operation erfolgreich! Daten sind hier.
// ----------------------

// *Szenario 2 (Promise Abgelehnt):*
// Executor-Funktion gestartet... (Asynchrone Operation beginnt)
// Promise erstellt (aktuell ausstehend).
// Hänge .then-Handler an das Promise an...
```

```
// Handler angehängt. Warte auf Erledigung des Promises...
// (nach ~1,5 Sekunden)
// Asynchrone Operation fehlgeschlagen. Rejecting Promise...
// *... (Fehlermeldung erscheint in der Konsole, .then-Handler läuft nicht) ...*
```

Beachte, dass der .then()-Handler nur ausgeführt wird, wenn das Promise erfüllt wird. Was ist mit der Behandlung von Fehlern?

Fehler behandeln (.catch())

Um Code anzugeben, der ausgeführt werden soll, wenn ein Promise *abgelehnt* wird, verwendest du die .catch()-Methode.

```
promise.catch(wennAbgelehnt);
```

- promise: Das Promise-Objekt.
- .catch(): Die Methode, die auf dem Promise aufgerufen wird.
- wennAbgelehnt: Eine **Callback-Funktion**, die ausgeführt wird, *falls und wenn* das promise in den 'rejected'-Zustand übergeht. Diese Funktion erhält den Ablehnungsgrund (normalerweise ein Error-Objekt) als Argument.

Du kettest .catch() typischerweise nach .then() (oder nach einer Kette von .then()-Aufrufen):

```
meinErstesPromise
  .then(function behandleErfolg(ergebnis) {
    console.log("--- .then() Handler ---");
    console.log("Promise Erfüllt! Ergebnis:", ergebnis);
    console.log("----------------------");
  })
  .catch(function behandleFehler(fehler) {
    // *Diese Funktion läuft NUR, wenn das Promise abgelehnt wird*
    console.error("--- .catch() Handler ---");
    console.error("Promise Abgelehnt! Grund:", fehler.message);
    console.error("----------------------");
  });

console.log("Handler (.then und .catch) angehängt.");

// *Mögliche Ausgabe-Szenarien:*

// *Szenario 1 (Promise Erfüllt):*
```

```
// ... (wie zuvor, .then läuft, .catch wird übersprungen) ...

// *Szenario 2 (Promise Abgelehnt):*
// Executor-Funktion gestartet... (Asynchrone Operation beginnt)
// Promise erstellt (aktuell ausstehend).
// Handler (.then und .catch) angehängt.
// (nach ~1,5 Sekunden)
// Asynchrone Operation fehlgeschlagen. Rejecting Promise...
// --- .catch() Handler ---
// Promise Abgelehnt! Grund: Operation fehlgeschlagen!
// ----------------------
```

Die Verwendung von `.catch()` bietet einen zentralen Ort zur Behandlung von Fehlern, die während der asynchronen Operation oder sogar innerhalb vorhergehender `.then()`-Handler auftreten könnten (Fehler in `.then`-Handlern führen ebenfalls dazu, dass die Promise-Kette abgelehnt wird).

Alternative: `.then()` kann tatsächlich ein zweites Argument für den Ablehnungs-Handler akzeptieren: `promise.then(wennErfuellt, wennAbgelehnt)`. Die Verwendung von `.catch()` wird jedoch allgemein bevorzugt, da sie den Code sauberer macht und Fehler *sowohl* vom ursprünglichen Promise *als auch* von allen vorhergehenden `wennErfuellt`-Handlern in der Kette behandelt.

Aufräumen (`.finally()`)

Manchmal musst du einen Codeabschnitt ausführen, unabhängig davon, ob das Promise erfüllt oder abgelehnt wurde. Gängige Beispiele sind das Ausblenden eines Lade-Spinners, das Schließen einer Datei oder das Freigeben einer Ressource. Die `.finally()`-Methode ist dafür konzipiert.

```
promise.finally(wennErledigt);
```

- wennErledigt: Eine Callback-Funktion, die ausgeführt wird, wenn das Promise erledigt ist (entweder erfüllt *oder* abgelehnt).
- Diese Funktion erhält **nicht** den Ergebniswert oder den Ablehnungsgrund. Ihr Zweck besteht ausschließlich in Aufräumaktionen, die unabhängig vom Ergebnis durchgeführt werden müssen.

```
function simuliereOperation() {
  console.log("Starte Operation (könnte erfolgreich sein oder
fehlschlagen)...");
```

```
    // *Gebe das Promise aus dem vorherigen Beispiel zurück*
    return new Promise((resolve, reject) => {
      setTimeout(() => {
        if (Math.random() > 0.5) {
          resolve("Daten erfolgreich abgerufen!");
        } else {
          reject(new Error("Netzwerkfehler aufgetreten!"));
        }
      }, 1000);
    });
}


console.log("Ladeanzeige wird angezeigt..."); // *Simuliere UI-Aktion*

simuliereOperation()
  .then(ergebnis => {
    console.log("Erfolg:", ergebnis);
  })
  .catch(fehler => {
    console.error("Fehlschlag:", fehler.message);
  })
  .finally(() => {
    // *Dies läuft, egal ob .then oder .catch ausgeführt wurde*
    console.log("Ladeanzeige wird ausgeblendet..."); // *Aufräumaktion*
    console.log("Operationsversuch beendet.");
  });
```

Der Code innerhalb von .finally() bietet eine zuverlässige Möglichkeit, Aufräumarbeiten durchzuführen.

Promises für sequentielle Operationen verketten

Hier glänzen Promises wirklich und lösen das Callback-Hell-Problem. Sowohl .then() als auch .catch() geben ein **neues Promise** zurück. Diese entscheidende Funktion ermöglicht es uns, asynchrone Operationen in einer flachen, lesbaren Sequenz miteinander zu verketten.

Schreiben wir das Beispiel der sequentiellen Schritte aus Kapitel 12 mit Promises neu:

```
// *Angenommen, diese Funktionen geben jetzt Promises zurück*
function schritt1Promise() {
  console.log("Schritt 1: Lade Benutzer-ID...");
```

```
    return new Promise((resolve) => { // *Vereinfacht: nur Erfolg behandeln*
      setTimeout(() => {
        const benutzerId = 5;
        console.log("Schritt 1 abgeschlossen. Benutzer-ID:", benutzerId);
        resolve(benutzerId); // *Erfülle das Promise mit der benutzerId*
      }, 500);
    });
}

function schritt2Promise(benutzerId) {
  console.log("Schritt 2: Lade Details für Benutzer", benutzerId);
  return new Promise((resolve) => {
    setTimeout(() => {
      const benutzerDetails = { name: "Alice", id: benutzerId };
      console.log("Schritt 2 abgeschlossen. Details:", benutzerDetails);
      resolve(benutzerDetails); // *Erfülle mit Benutzerdetails*
    }, 500);
  });
}

function schritt3Promise(benutzerDetails) {
  console.log("Schritt 3: Lade Beiträge für Benutzer", benutzerDetails.name);
  return new Promise((resolve) => {
    setTimeout(() => {
      const beitraege = ["Beitrag A", "Beitrag B"];
      console.log("Schritt 3 abgeschlossen. Beiträge:", beitraege);
      resolve(beitraege); // *Erfülle mit Beiträgen*
    }, 500);
  });
}

// --- Die Promise-Kette ---
console.log("Starte sequentielle asynchrone Operationen mit Promises...");

schritt1Promise() // *Rufe Schritt 1 auf, gibt ein Promise zurück*
  .then(empfangeneBenutzerId => {
    // *Das Ergebnis von schritt1Promise (benutzerId) wird hier übergeben*
    // *Rufe Schritt 2 auf, übergebe die benutzerId und GEBE sein Promise
ZURÜCK*
    return schritt2Promise(empfangeneBenutzerId);
  })
  .then(empfangeneBenutzerDetails => {
    // *Das Ergebnis von schritt2Promise (benutzerDetails) wird hier übergeben*
    // *Rufe Schritt 3 auf, übergebe benutzerDetails und GEBE sein Promise
ZURÜCK*
    return schritt3Promise(empfangeneBenutzerDetails);
  })
```

```
  .then(empfangeneBeitraege => {
    // *Das Ergebnis von schritt3Promise (beitraege) wird hier übergeben*
    // *Finale Verarbeitung*
    console.log("--- Alle Schritte abgeschlossen (Promises) ---");
    console.log("Finale Beiträge:", empfangeneBeitraege);
    console.log("--------------------------------");
  })
  .catch(fehler => {
    // *Ein einziges .catch behandelt Fehler von JEDEM vorherigen Schritt*
    console.error("--- Ein Fehler in der Kette ist aufgetreten ---");
    console.error(fehler);
    console.error("----------------------------------");
  });

console.log("Alle Promises initiiert...");
```

Schau dir den Unterschied an! Keine tiefe Verschachtelung. Der Code liest sich fast wie eine synchrone Sequenz: Mache Schritt 1, *dann* mache Schritt 2 mit dem Ergebnis, *dann* mache Schritt 3 mit dem Ergebnis, *dann* verarbeite das Endergebnis *und fange* alle Fehler auf dem Weg ab.

Wie die Verkettung funktioniert:

1. schritt1Promise() wird aufgerufen und gibt promise1 zurück.
2. Das erste .then(handler1) wird an promise1 angehängt.
3. Wenn promise1 erfüllt wird, wird handler1 ausgeführt (empfängt benutzerId).
4. handler1 ruft schritt2Promise(benutzerId) auf, das promise2 zurückgibt. Entscheidend ist, dass handler1 promise2 **zurückgibt**.
5. Das erste .then() selbst gibt ein *neues* Promise zurück, promiseKettenGlied1. Dieses promiseKettenGlied1 übernimmt den Zustand von promise2 (dem aus handler1 zurückgegebenen).
6. Das zweite .then(handler2) wird an promiseKettenGlied1 angehängt.
7. Wenn promise2 (zurückgegeben von schritt2Promise) erfüllt wird, wird auch promiseKettenGlied1 erfüllt, wodurch handler2 ausgeführt wird (empfängt benutzerDetails).
8. Dieses Muster wiederholt sich entlang der Kette.
9. Wenn irgendein Promise in der Kette abgelehnt wird (z. B. schritt2Promise schlägt fehl) oder wenn ein Handler einen Fehler wirft, überspringt die Kette nachfolgende .then-Handler und springt direkt zum nächstgelegenen .catch()-Handler.

Dieser Verkettungsmechanismus, basierend darauf, dass `.then` Promises zurückgibt, ist der Schlüssel zur Flucht aus der Callback Hell.

Promises parallel ausführen (`Promise.all()`)

Was ist, wenn du mehrere asynchrone Aufgaben hast, die *nicht* voneinander abhängen, und du sie gleichzeitig ausführen und warten möchtest, bis alle abgeschlossen sind? Zum Beispiel das Abrufen von Daten von drei verschiedenen API-Endpunkten. Sie sequentiell mit `.then`-Ketten auszuführen, wäre unnötig langsam.

`Promise.all()` ist das Werkzeug für diese Aufgabe.

```
Promise.all(iterableVonPromises);
```

- Es benötigt ein Iterable (normalerweise ein Array) von Promises als Eingabe.
- Es gibt ein **einziges neues Promise** zurück, das sich wie folgt verhält:
  - **Erfüllt:** Wenn *alle* Promises im Eingabe-Iterable erfüllt wurden. Der Erfüllungswert ist ein **Array**, das die Erfüllungswerte der Eingabe-Promises enthält, in derselben Reihenfolge, wie sie im Eingabe-Array erschienen sind.
  - **Abgelehnt:** Sobald *auch nur eines* der Eingabe-Promises abgelehnt wird. Der Ablehnungsgrund ist der Grund des ersten Promises, das abgelehnt wurde.

```
function ladeDaten(url, verzoegerung) {
  return new Promise((resolve) => {
    setTimeout(() => {
      console.log(`Daten von ${url} geladen`);
      resolve(`Daten von ${url}`);
    }, verzoegerung);
  });
}

const promise1 = ladeDaten('/api/benutzer', 1000);
const promise2 = ladeDaten('/api/beitraege', 500);
const promise3 = ladeDaten('/api/einstellungen', 1200);

console.log("Initiiere parallele Abrufe...");

Promise.all([promise1, promise2, promise3])
```

```
    .then(ergebnisse => {
        // *'ergebnisse' ist ein Array: [Ergebnis von promise1, Ergebnis von
promise2, Ergebnis von promise3]*
        console.log("--- Alle Abrufe abgeschlossen ---");
        console.log("Ergebnisse:", ergebnisse);
        // *Beispielausgabe: Ergebnisse: [ 'Daten von /api/benutzer', 'Daten von
/api/beitraege', 'Daten von /api/einstellungen' ]*
        console.log("-----------------------------");
    })
    .catch(fehler => {
        // *Dies läuft, wenn EINER der ladeDaten-Aufrufe abgelehnt würde*
        console.error("--- Einer der Abrufe ist fehlgeschlagen ---");
        console.error(fehler);
        console.error("--------------------------------");
    });

console.log("Promise.all initiiert...");
```

Promise.all ermöglicht es dir, mehrere gleichzeitige asynchrone Operationen effizient zu verwalten.

Andere Promise-Kombinatoren (Kurze Erwähnung)

Neben Promise.all() bietet JavaScript weitere Methoden zur Kombination von Promises, die jedoch für Anfänger seltener benötigt werden:

- Promise.race(iterable): Gibt ein Promise zurück, das erledigt ist (erfüllt oder abgelehnt), sobald das *erste* Promise im Iterable erledigt ist.
- Promise.allSettled(iterable): Gibt ein Promise zurück, das erfüllt wird, nachdem *alle* Eingabe-Promises erledigt sind (entweder erfüllt oder abgelehnt). Das Ergebnis ist ein Array von Objekten, die das Ergebnis jedes Eingabe-Promises beschreiben. Nützlich, wenn du das Ergebnis jeder Operation wissen musst, auch wenn einige fehlgeschlagen sind.
- Promise.any(iterable): Gibt ein Promise zurück, das erfüllt wird, sobald *auch nur eines* der Eingabe-Promises erfüllt wird. Es wird nur abgelehnt, wenn *alle* Eingabe-Promises abgelehnt werden.

Kapitelzusammenfassung

Dieses Kapitel führte **Promises** als moderne, strukturierte Methode zur Handhabung asynchroner Operationen in JavaScript ein, die eine signifikante Verbesserung gegenüber dem verschachtelten Callback-Muster (Callback Hell) darstellt. Wir lernten, dass ein Promise ein Objekt ist, das das eventuelle Ergebnis (Erfüllung oder Ablehnung) einer asynchronen Aufgabe repräsentiert und in einem von drei Zuständen existiert: **pending (ausstehend)**, **fulfilled (erfüllt)** oder **rejected (abgelehnt)**. Wir sahen, wie man Promises mit der `.then()`-Methode für Erfolgsfälle, `.catch()` zur Fehlerbehandlung und `.finally()` für Aufräumcode konsumiert, der unabhängig vom Ergebnis ausgeführt wird. Die wahre Stärke zeigte sich, als wir die **Verkettung von Promises** mit `.then()` untersuchten, was eine saubere, lesbare sequentielle asynchrone Logik ermöglicht. Wir lernten auch, wie man mehrere unabhängige Promises gleichzeitig ausführt und mit `Promise.all()` auf deren Abschluss wartet.

Promises verbessern drastisch die Art und Weise, wie wir asynchronen Code schreiben und verstehen. Selbst mit Verkettung beinhaltet die Syntax jedoch immer noch Callbacks innerhalb von `.then()` und `.catch()`. Können wir asynchronen Code fast genauso aussehen lassen wie synchronen Code? Ja! Im nächsten Kapitel werden wir `async` und `await` untersuchen, spezielle Schlüsselwörter, die *auf* Promises aufbauen und eine noch intuitivere und lesbarere Syntax zur Handhabung asynchroner Operationen bieten.

14
Async/Await

Im letzten Kapitel feierten wir die Ankunft von Promises, eine fantastische Verbesserung gegenüber verschachtelten Callbacks zur Verwaltung asynchroner Operationen. Promises gaben uns `.then()` zur Behandlung von Erfolgen, `.catch()` für Fehler und eine Möglichkeit, Operationen sauber zu verketten, um der gefürchteten Pyramide des Verderbens zu entkommen. Es war ein riesiger Schritt nach vorn!

Wenn man sich jedoch Promise-Ketten genau ansieht, stellt man fest, dass wir immer noch Funktionen (Callback-Funktionen) innerhalb unserer `.then()`- und `.catch()`-Aufrufe schreiben. Obwohl viel flacher als Callback Hell, beinhaltet die Struktur immer noch die Definition dessen, was *als Nächstes* innerhalb dieser Handler-Funktionen geschieht. Was wäre, wenn wir asynchronen Code schreiben könnten, der fast *genauso aussieht* wie der einfache, synchrone, zeilenweise Code, mit dem wir begonnen haben, sich aber immer noch asynchron verhält, ohne zu blockieren?

Genau das bieten die Schlüsselwörter `async` und `await`. Eingeführt in ES2017 (ES8), ist `async`/`await` syntaktischer Zucker, der *auf* Promises aufbaut. Es ersetzt Promises nicht; es gibt uns eine intuitivere und lesbarere Syntax, um *mit* ihnen zu arbeiten, insbesondere beim Umgang mit Sequenzen von asynchronen Schritten. Mach dich bereit für asynchronen Code, der sich bemerkenswert synchron anfühlt!

async-**Funktionen einführen**

Das Fundament dieser neuen Syntax ist das async-Schlüsselwort. Du platzierst async direkt vor dem function-Schlüsselwort (für Deklarationen oder Ausdrücke) oder vor der Parameterliste für Pfeilfunktionen (die wir in Kapitel 18 sehen werden).

```
// Async-Funktionsdeklaration
async function meineAsyncFunktion() {
  // ... Code ...
  // Kann 'await' hier drin verwenden
}

// Async-Funktionsausdruck
const meinAsyncAusdruck = async function() {
  // ... Code ...
  // Kann 'await' hier drin verwenden
};

// Async-Pfeilfunktion (kurze Vorschau)
// const meineAsyncPfeilfunktion = async () => {
//   // ... Code ...
//   // Kann 'await' hier drin verwenden
// };
```

Was bewirkt das Hinzufügen von async? Zwei entscheidende Dinge:

1. **Gibt implizit ein Promise zurück:** Eine async-Funktion gibt *immer* ein Promise zurück.

   - Wenn die async-Funktion explizit einen Wert returnt (z. B. return 42;), wird das von ihr zurückgegebene Promise mit diesem Wert *erfüllt*.
   - Wenn die async-Funktion einen Fehler throwt, wird das von ihr zurückgegebene Promise mit diesem geworfenen Fehler *abgelehnt*.
   - Wenn die async-Funktion ohne explizites return oder throw endet, wird das von ihr zurückgegebene Promise mit dem Wert undefined erfüllt.

2. **Ermöglicht** await: Das async-Schlüsselwort erlaubt dir, das await-Schlüsselwort *innerhalb* des Funktionskörpers zu verwenden, um die Ausführung anzuhalten, bis ein Promise erledigt ist.

Sehen wir uns die implizite Promise-Rückgabe an:

```
async function holeBegruessung() {
  return "Hallo von async!"; // *Dieser Wert erfüllt das zurückgegebene Promise*
}

async function schlaegtManchmalFehl() {
  if (Math.random() < 0.5) {
    throw new Error("Async-Funktion fehlgeschlagen!"); // *Dieser Fehler lehnt
das zurückgegebene Promise ab*
  }
  return "Async-Funktion erfolgreich!";
}

// Der Aufruf einer async-Funktion gibt ein Promise zurück
const begruessungsPromise = holeBegruessung();
console.log(begruessungsPromise); // *Ausgabe: Promise { <pending> } (oder
fulfilled)*

// Wir konsumieren es mit .then() und .catch() wie jedes andere Promise
begruessungsPromise.then(ergebnis => {
  console.log("Begrüßung empfangen:", ergebnis); // *Ausgabe: Begrüßung
empfangen: Hallo von async!*
});

schlaegtManchmalFehl()
  .then(ergebnis => console.log("Erfolg:", ergebnis))
  .catch(fehler => console.error("Fehler abgefangen:", fehler.message));
  // *Ausgabe variiert: entweder Erfolg: ... oder Fehler abgefangen: ...*
```

Auch ohne await zu verwenden, ändert async also grundlegend eine Funktion, sodass sie innerhalb des Promise-Ökosystems operiert.

Ausführung pausieren mit await

Die wahre Magie entsteht, wenn du async-Funktionen mit dem await-Schlüsselwort kombinierst. Der await-Operator kann *nur* innerhalb einer async-Funktion verwendet werden (*Hinweis: Top-Level* await *ist eine neuere Funktion, die in spezifischen Umgebungen wie Modulen verfügbar ist, aber wir konzentrieren uns vorerst auf ihre Verwendung innerhalb von* async-*Funktionen*).

Wenn du await vor einen Ausdruck setzt, der zu einem Promise ausgewertet wird:

1. Die Ausführung der async-Funktion wird an diesem Punkt **pausiert**. Sie blockiert nicht den Hauptthread; sie pausiert nur die Ausführung *dieser spezi-*

fischen Funktion, sodass anderer Code (einschließlich UI-Updates oder anderer asynchroner Aufgaben) ausgeführt werden kann.

2. Sie **wartet** darauf, dass das erwartete Promise erledigt wird (entweder erfüllt oder abgelehnt).

3. **Wenn das Promise erfüllt wird**: await gibt den erfüllten Wert zurück. Die Funktion setzt dann die Ausführung ab der nächsten Zeile fort.

4. **Wenn das Promise abgelehnt wird**: await wirft den Ablehnungsgrund (normalerweise ein Error-Objekt). Die Ausführung innerhalb der async-Funktion stoppt sofort an der await-Zeile und springt zum nächstgelegenen catch-Block, wenn try...catch verwendet wird (mehr dazu bald), oder bewirkt, dass das von der async-Funktion zurückgegebene Promise mit diesem Grund abgelehnt wird.

```
// *Eine Funktion, die nach einer Verzögerung ein Promise zurückgibt*
function resolveNachVerzoegerung(wert, verzoegerung) {
  return new Promise(resolve => {
    setTimeout(() => {
      console.log(`Resolving mit Wert: ${wert}`);
      resolve(wert);
    }, verzoegerung);
  });
}

// *Eine async-Funktion, die await verwendet*
async function verarbeiteDaten() {
  console.log("verarbeiteDaten: Startet...");

  // *Pausiere hier, bis das erste Promise erfüllt ist*
  const ergebnis1 = await resolveNachVerzoegerung("Daten A", 1000);
  console.log(`verarbeiteDaten: Ergebnis 1 empfangen: ${ergebnis1}`);

  // *Pausiere hier, bis das zweite Promise erfüllt ist*
  const ergebnis2 = await resolveNachVerzoegerung("Daten B", 500);
  console.log(`verarbeiteDaten: Ergebnis 2 empfangen: ${ergebnis2}`);

  // *Pausiere hier, bis das dritte Promise erfüllt ist*
  const ergebnis3 = await resolveNachVerzoegerung("Daten C", 800);
  console.log(`verarbeiteDaten: Ergebnis 3 empfangen: ${ergebnis3}`);

  console.log("verarbeiteDaten: Alle Schritte abgeschlossen.");
  return `Endergebnis: ${ergebnis1}, ${ergebnis2}, ${ergebnis3}`; // *Erfüllt
das von verarbeiteDaten zurückgegebene Promise*
}

console.log("Rufe verarbeiteDaten auf...");
```

```
verarbeiteDaten()
  .then(endErgebnis => {
    console.log("--- verarbeiteDaten Promise Erfüllt ---");
    console.log(endErgebnis);
    console.log("-----------------------------------");
  });
console.log("verarbeiteDaten aufgerufen, Hauptskript läuft weiter...");

// *Erwartete Ausgabereihenfolge:*
// Rufe verarbeiteDaten auf...
// verarbeiteDaten: Startet...
// verarbeiteDaten aufgerufen, Hauptskript läuft weiter...
// (nach ~1 Sekunde)
// Resolving mit Wert: Daten A
// verarbeiteDaten: Ergebnis 1 empfangen: Daten A
// (nach ~0,5 Sekunden mehr)
// Resolving mit Wert: Daten B
// verarbeiteDaten: Ergebnis 2 empfangen: Daten B
// (nach ~0,8 Sekunden mehr)
// Resolving mit Wert: Daten C
// verarbeiteDaten: Ergebnis 3 empfangen: Daten C
// verarbeiteDaten: Alle Schritte abgeschlossen.
// --- verarbeiteDaten Promise Erfüllt ---
// Endergebnis: Daten A, Daten B, Daten C
// -----------------------------------
```

Schau, wie die verarbeiteDaten-Funktion fast wie synchroner Code liest! await lässt es so erscheinen, als würden wir Ergebnisse einfach direkt Variablen zuweisen, aber unter der Haube pausiert es und wartet darauf, dass Promises aufgelöst werden, ohne zu blockieren.

Sauberere asynchrone Logik schreiben

Kehren wir nun zum Beispiel der sequentiellen Operation aus dem Promises-Kapitel zurück (Schritt 1, Schritt 2, Schritt 3) und schreiben es mit async/await um. Wir gehen davon aus, dass die Funktionen schritt1Promise, schritt2Promise und schritt3Promise (die Promises zurückgeben) bereits wie zuvor definiert sind.

```
async function fuehreAlleSchritteAus() {
  try { // *Wir besprechen try...catch als Nächstes*
    console.log("Starte sequentielle async Operationen mit async/await...");

    // *Warte auf Schritt 1 und hole sein Ergebnis*
    const benutzerId = await schritt1Promise();
```

```
    // *Warte auf Schritt 2 (mit benutzerId) und hole sein Ergebnis*
    const benutzerDetails = await schritt2Promise(benutzerId);

    // *Warte auf Schritt 3 (mit benutzerDetails) und hole sein Ergebnis*
    const beitraege = await schritt3Promise(benutzerDetails);

    // *Alle Schritte erfolgreich abgeschlossen*
    console.log("--- Alle Schritte abgeschlossen (async/await) ---");
    console.log("Finale Beiträge:", beitraege);
    console.log("------------------------------------");

    return beitraege; // *Gib das Endergebnis zurück (erfüllt das von
fuehreAlleSchritteAus zurückgegebene Promise)*

  } catch (fehler) {
    // *Fange Fehler von JEDEM der erwarteten Promises ab*
    console.error("--- Ein Fehler ist aufgetreten (async/await) ---");
    console.error(fehler);
    console.error("------------------------------------");
    // *Optional Fehler erneut werfen oder einen Fehlerindikator zurückgeben*
    // throw fehler; // *Lehnt das von fuehreAlleSchritteAus zurückgegebene
Promise ab*
  }
}

// *Rufe die async-Funktion auf und behandle ihr resultierendes Promise*
fuehreAlleSchritteAus()
    .then(finaleBeitraege => {
        if(finaleBeitraege) { // *Prüfen, ob die Ausführung erfolgreich war*
            console.log("fuehreAlleSchritteAus erfolgreich beendet.");
        }
    })
    .catch(err => {
        console.error("fuehreAlleSchritteAus Promise wurde insgesamt
abgelehnt.");
    });

console.log("fuehreAlleSchritteAus Funktion aufgerufen...");
```

Vergleiche den Körper der fuehreAlleSchritteAus-Funktion mit der .then()-Kette aus Kapitel 13. Die async/await-Version ist deutlich sauberer und ähnelt stärker dem standardmäßigen synchronen Codefluss. Die Logik ist viel einfacher zu verfolgen: Hole die Benutzer-ID, dann hole die Details, dann hole die Beiträge.

Fehlerbehandlung mit `try...catch`

Wie behandeln wir abgelehnte Promises bei Verwendung von `await`? Erinnere dich daran, dass `await`, wenn ein erwartetes Promise abgelehnt wird, diesen Ablehnungsgrund *wirft*. Wir können diese geworfenen Fehler mithilfe von standardmäßigen synchronen `try...catch`-Blöcken innerhalb unserer async-Funktion abfangen!

```
async function potenziellFehlschlagendeOperation() {
  return new Promise((resolve, reject) => {
    setTimeout(() => {
      if (Math.random() < 0.5) {
        reject(new Error("Etwas ist zufällig schiefgegangen!"));
      } else {
        resolve("Operation war erfolgreich!");
      }
    }, 1000);
  });
}

async function verarbeiteMitTryCatch() {
  console.log("Versuche Operation...");
  try {
    // *Erwarte die potenziell fehlschlagende Operation*
    const ergebnis = await potenziellFehlschlagendeOperation();

    // *Dieser Code läuft nur, wenn das Promise erfüllt wurde*
    console.log("Try-Block: Erfolg!");
    console.log("Ergebnis:", ergebnis);
    return ergebnis;

  } catch (fehler) {
    // *Dieser Block läuft, wenn das erwartete Promise abgelehnt wurde*
    console.error("Catch-Block: Ein Fehler ist aufgetreten!");
    console.error("Fehlerdetails:", fehler.message);
    // *Wir können den Fehler hier behandeln, vielleicht einen Standardwert
zurückgeben oder ihn protokollieren*
    return "Verarbeitet mit Fehler."; // *Erfüllt das äußere Promise trotz des
inneren Fehlers*
    // Oder erneut werfen, wenn das äußere Promise ablehnen soll: throw fehler;
  } finally {
    // *Optional: Läuft, egal ob try oder catch ausgeführt wurde*
    console.log("Finally-Block: Operationsversuch beendet.");
  }
}

verarbeiteMitTryCatch()
```

```
    .then(ausgang => console.log("Gesamtergebnis:", ausgang))
    .catch(err => console.error("Gesamtfehler (wenn finally erneut warf):", err));
```

Die Verwendung von `try...catch` innerhalb von async-Funktionen fühlt sich für Entwickler, die an synchrone Fehlerbehandlung gewöhnt sind, sehr natürlich an. Es ermöglicht dir, Fehler von erwarteten Promises auf die gleiche Weise zu behandeln, wie du Fehler behandeln würdest, die von regulärem synchronem Code geworfen werden. Dies steht im Gegensatz zur `.catch()`-Methode, die in Promise-Ketten verwendet wird.

async/await vs. Promises

Es ist entscheidend, sich daran zu erinnern, dass `async/await` **auf Promises aufbaut**. Es ersetzt sie nicht; es bietet eine andere Syntax, um sie zu konsumieren.

- **Lesbarkeit:** `async/await` gewinnt im Allgemeinen bei sequentiellen asynchronen Operationen und lässt den Code flacher und synchroner erscheinen.
- **Fehlerbehandlung:** `try...catch` in async-Funktionen fühlt sich für Entwickler, die mit synchroner Fehlerbehandlung vertraut sind, oft natürlicher an als die `.catch()`-Verkettung.
- **Debugging**: Das Durchgehen von `async/await`-Code in Debuggern kann sich manchmal einfacher anfühlen als das Durchgehen von Promise-Ketten mit mehreren Callbacks.
- **Zugrundeliegender Mechanismus:** Du musst Promises immer noch verstehen, da async-Funktionen sie zurückgeben, `await` auf sie wartet und du oft mit APIs oder Bibliotheken interagieren wirst, die Promises direkt zurückgeben. `Promise.all()`, `Promise.race()` usw. werden immer noch innerhalb von async-Funktionen verwendet, um Gleichzeitigkeit zu handhaben.

```
// *Verwendung von Promise.all innerhalb einer async-Funktion*
async function ladeParalleleDaten() {
  console.log("Lade Benutzer- und Einstellungsdaten parallel...");
  try {
    const ergebnisse = await Promise.all([
      resolveNachVerzoegerung("Benutzerdaten", 800),  // *Simulierter Abruf 1*
      resolveNachVerzoegerung("Einstellungsdaten", 600) // *Simulierter Abruf 2*
    ]);

    // 'ergebnisse' ist ein Array: ["Benutzerdaten", "Einstellungsdaten"]
    console.log("Parallele Abrufe abgeschlossen:", ergebnisse);
    const benutzerDaten = ergebnisse[0];
```

```
      const einstellungsDaten = ergebnisse[1];
      // *Daten verarbeiten...*
      return { benutzer: benutzerDaten, einstellungen: einstellungsDaten };

    } catch (fehler) {
      console.error("Fehler beim parallelen Abruf:", fehler);
      throw fehler; // *Fehler weiterleiten*
    }
  }


ladeParalleleDaten()
    .then(daten => console.log("Finale parallele Daten:", daten))
    .catch(err => console.error("ladeParalleleDaten fehlgeschlagen."));
```

Wähle den Ansatz (.then/.catch oder async/await), der deinen Code für die spezifische Aufgabe am klarsten macht. Oft wird async/await zur Koordinierung mehrerer asynchroner Schritte bevorzugt, während einfaches .then/.catch für die Behandlung eines einzelnen Promises ausreichen kann.

Kapitelzusammenfassung

Dieses Kapitel stellte die leistungsstarken Schlüsselwörter async und await vor, die syntaktischen Zucker über Promises bieten, um asynchronen Code synchroner aussehen und sich anfühlen zu lassen. Wir lernten, dass das async-Schlüsselwort eine Funktion so modifiziert, dass sie implizit ein Promise zurückgibt und die Verwendung von await darin ermöglicht. Das await-Schlüsselwort pausiert die Ausführung einer async-Funktion, bis ein angegebenes Promise erledigt ist, gibt den erfüllten Wert zurück oder wirft den Ablehnungsgrund. Wir sahen, wie diese Kombination die Lesbarkeit sequentieller asynchroner Operationen im Vergleich zur .then()-Verkettung dramatisch verbessert. Wir lernten auch, wie man Fehler von erwarteten Promises natürlich mit standardmäßigen try...catch-Blöcken behandelt. Obwohl async/await eine sauberere Syntax bietet, betonten wir, dass es auf Promises aufbaut und das Verständnis von Promises unerlässlich bleibt.

Du verfügst nun über die modernsten und oft lesbarsten Werkzeuge zur Verwaltung asynchroner Operationen in JavaScript. Selbst mit den besten asynchronen Mustern können jedoch immer noch Fehler auftreten – Netzwerkanfragen können fehlschlagen, Daten können ungültig sein oder unerwartete Situationen können in deiner Logik entstehen. Im nächsten Kapitel erweitern wir unseren Fokus auf die **Fehlerbehandlung**, betrachten die try...catch...finally-Anweisung allgemeiner und diskutieren Strategien, um deine Anwendungen robuster und widerstandsfähiger gegen unerwartete Probleme zu machen.

15

Fehlerbehandlung

Auf unserer bisherigen Reise haben wir Programme erstellt, die idealerweise reibungslos von Anfang bis Ende laufen. Wir haben gelernt, asynchrone Operationen mit Promises und `async/await` zu handhaben (Kapitel 13 und 14), um Blockierungen zu vermeiden. Aber die Realität der Softwareentwicklung ist, dass die Dinge nicht immer nach Plan laufen. Netzwerke können ausfallen, Benutzer könnten ungültige Daten eingeben, Server könnten unerwartete Antworten zurückgeben, oder wir könnten einfach Fehler in unserem eigenen Code machen (ja, das passiert jedem!).

Das Ignorieren dieser potenziellen Probleme führt zu fragilen Anwendungen, die abstürzen, sich unvorhersehbar verhalten oder eine frustrierende Benutzererfahrung bieten. Robuste, professionelle Anwendungen müssen Fehler antizipieren und angemessen behandeln, wenn sie auftreten. Dieses Kapitel konzentriert sich auf die primären Mechanismen von JavaScript zur **Fehlerbehandlung (Error Handling)**, die es dir ermöglichen, Probleme abzufangen, angemessen zu reagieren und deine Anwendung auch dann reibungslos am Laufen zu halten, wenn das Unerwartete passiert.

Warum Fehlerbehandlung wichtig ist

Stell dir vor, du benutzt eine Online-Shopping-Seite. Du klickst auf "In den Warenkorb", aber aufgrund eines vorübergehenden Netzwerkfehlers schlägt die Anfrage fehl. Was sollte passieren?

- **Schlechtes Szenario (Keine Fehlerbehandlung):** Der JavaScript-Code könnte abstürzen, der "Lade"-Spinner dreht sich ewig, oder es passiert nichts, was dich verwirrt und handlungsunfähig zurücklässt.
- **Gutes Szenario (Mit Fehlerbehandlung):** Die Anwendung fängt den Netzwerkfehler ab, stoppt den Spinner und zeigt eine hilfreiche Nachricht an wie: "Ups! Der Artikel konnte nicht zum Warenkorb hinzugefügt werden. Bitte überprüfe deine Verbindung und versuche es erneut."

Eine ordnungsgemäße Fehlerbehandlung ist entscheidend für:

- **Benutzererfahrung:** Verhindert abrupte Abstürze und liefert informatives Feedback, das den Benutzer leitet.
- **Anwendungsstabilität:** Ermöglicht es der Anwendung, sich von nicht-fatalen Fehlern zu erholen und nach Möglichkeit weiterzulaufen.
- **Datenintegrität:** Hilft, Aktionen zu verhindern, die auf falschen oder unvollständigen Daten aufgrund eines Fehlers basieren.
- **Debugging:** Erleichtert die Identifizierung, *wo* und *warum* während der Entwicklung etwas schiefgelaufen ist, indem Fehler abgefangen und protokolliert werden.

Die `try...catch`-Anweisung

Der Grundpfeiler der synchronen Fehlerbehandlung in JavaScript (und auch zur Behandlung von Fehlern aus `await`-Ausdrücken) ist die `try...catch`-Anweisung. Sie ermöglicht es dir, das Ausführen eines Codeblocks zu "versuchen" (try), der potenziell einen Fehler verursachen könnte, und diesen Fehler "abzufangen" (catch), falls er auftritt, wodurch verhindert wird, dass er dein Programm zum Absturz bringt.

Die grundlegende Syntax sieht so aus:

```
try {
  // Code, der potenziell einen Fehler werfen könnte
  // (z.B. riskante Operationen, Code mit await)
} catch (fehler) {
  // Code, der NUR ausgeführt wird, wenn im 'try'-Block ein Fehler aufgetreten
ist
  // Die 'fehler'-Variable enthält Informationen über den Fehler
}
// Code hier setzt die Ausführung fort, unabhängig davon, ob ein Fehler
abgefangen wurde oder nicht
```

Wie es funktioniert:

1. Der Code innerhalb des `try`-Blocks wird zuerst ausgeführt.

2. **Wenn kein Fehler auftritt** innerhalb des `try`-Blocks, wird der gesamte `catch`-Block übersprungen, und die Ausführung wird mit dem Code unmittelbar nach der `try...catch`-Anweisung fortgesetzt.

3. **Wenn ein Fehler** *auftritt* an irgendeinem Punkt innerhalb des `try`-Blocks:
   - Die Ausführung des `try`-Blocks stoppt *sofort* an der Zeile, an der der Fehler aufgetreten ist.
   - Die JavaScript-Engine sucht nach dem nächstgelegenen umschließenden `catch`-Block.
   - Wenn gefunden, springt die Kontrolle an den Anfang dieses `catch`-Blocks.
   - Ein **Fehlerobjekt (Error Object)**, das Details über den Fehler enthält, wird automatisch erstellt und als Argument an den `catch`-Block übergeben (wir haben es hier `fehler` genannt, aber du kannst jeden gültigen Variablennamen verwenden).
   - Der Code innerhalb des `catch`-Blocks wird ausgeführt, sodass du den Fehler behandeln kannst (z. B. protokollieren, eine Nachricht anzeigen).
   - Nachdem der `catch`-Block beendet ist, wird die Ausführung mit dem Code *nach* der `try...catch`-Anweisung fortgesetzt (es sei denn, der `catch`-Block selbst wirft einen weiteren Fehler oder verwendet `return`).

Beispiel: Behandlung eines potenziellen synchronen Fehlers

```
let benutzerProfil = null; // *Stell dir vor, dies wurde nicht korrekt geladen*

try {
  console.log("Versuche, auf Benutzernamen zuzugreifen...");
  // *Diese Zeile verursacht einen Fehler, da benutzerProfil null ist*
  let benutzerName = benutzerProfil.name;
  console.log(`Willkommen, ${benutzerName}!`); // *Diese Zeile wird NICHT
erreicht*
} catch (fehler) {
  console.error("--- Ein Fehler ist aufgetreten! ---");
  console.error("Fehler beim Zugriff auf die Benutzerprofil-Eigenschaft.");
  // *Untersuche das Fehlerobjekt*
  console.error("Fehlertyp:", fehler.name);     // *Ausgabe: TypeError*
  console.error("Fehlermeldung:", fehler.message); // *z.B. "Cannot read
properties of null (reading 'name')*
  // console.error("Stack Trace:", fehler.stack); // *Detaillierter
Aufrufstapel*
```

```
    console.error("------------------------------");
    // *Stelle Fallback-Verhalten oder Benutzerfeedback bereit*
    console.log("Zeige stattdessen generische Willkommensnachricht an.");
}

console.log("Programm läuft nach try...catch weiter.");

// *Ausgabe:*
// Versuche, auf Benutzernamen zuzugreifen...
// --- Ein Fehler ist aufgetreten! ---
// Fehler beim Zugriff auf die Benutzerprofil-Eigenschaft.
// Fehlertyp: TypeError
// Fehlermeldung: Cannot read properties of null (reading 'name')
// ------------------------------
// Zeige stattdessen generische Willkommensnachricht an.
// Programm läuft nach try...catch weiter.
```

Ohne try...catch hätte der TypeError das gesamte Skript gestoppt. Hier haben wir ihn abgefangen und dem Programm erlaubt, weiterzulaufen.

Verwendung mit await **(Wiederholung aus Kapitel 14)**

Wie wir gesehen haben, ist try...catch auch die Standardmethode zur Behandlung abgelehnter Promises bei Verwendung von await:

```
async function ladeDaten() {
  try {
    console.log("Lade Daten...");
    const antwortPromise = irgendeineApiDieEinPromiseZurueckgibt(); //
*Angenommen, dies existiert*
    const daten = await antwortPromise; // *Wenn antwortPromise ablehnt, wirft
await*
    console.log("Daten empfangen:", daten);
    // *Daten verarbeiten...*
  } catch (fehler) {
    console.error("Fehler beim Laden der Daten:", fehler.message);
    // *Den asynchronen Fehler behandeln*
  }
}
```

Der catch-Block fängt Fehler ab, die vom await-Ausdruck geworfen werden, wenn das erwartete Promise ablehnt.

Der `finally`-Block

Manchmal gibt es Aufräumcode, den du ausführen musst, *nachdem* der try-Block (und möglicherweise der catch-Block) beendet ist, unabhängig davon, ob ein Fehler aufgetreten ist oder nicht. Gängige Beispiele sind das Schließen von Netzwerkverbindungen, das Freigeben von Dateihandles (häufiger in Node.js) oder das Ausblenden eines Lade-Spinners, der vor dem try-Block angezeigt wurde.

Der `finally`-Block ist genau für diesen Zweck konzipiert. Er wird nach dem catch-Block hinzugefügt.

```
try {
  // Riskanter Code
} catch (fehler) {
  // Fehlerbehandlungscode
} finally {
  // Aufräumcode - Wird IMMER ausgeführt, nachdem try/catch abgeschlossen ist
}
```

Ausführungsablauf mit `finally`:

1. try-Block wird ausgeführt.
2. Wenn kein Fehler: try schließt ab -> finally wird ausgeführt -> Code nach finally wird ausgeführt.
3. Wenn ein Fehler auftritt: try stoppt -> catch wird ausgeführt -> finally wird ausgeführt -> Code nach finally wird ausgeführt.
4. Wenn ein Fehler auftritt und es keinen catch gibt, oder der catch-Block selbst einen Fehler wirft: try stoppt -> (catch läuft möglicherweise und wirft) -> finally wird ausgeführt -> der Fehler breitet sich nach außen aus (Programm stoppt möglicherweise, wenn nicht anderswo abgefangen).

Der `finally`-Block wird garantiert ausgeführt (es sei denn, das gesamte Programm wird abrupt beendet), was ihn ideal für wesentliche Aufräumarbeiten macht.

Beispiel:

```
let ressourceErworben = false;

try {
  console.log("Erwerbe Ressource...");
  ressourceErworben = true; // *Simuliert den Erwerb einer Ressource*
  console.log("Ressource erworben. Führe Operation durch...");
```

```
  // *Simuliere potenziellen Fehler während der Operation*
  if (Math.random() < 0.5) {
    throw new Error("Operation mittendrin fehlgeschlagen!");
  }

  console.log("Operation erfolgreich abgeschlossen.");

} catch (fehler) {
  console.error("Fehler während der Operation abgefangen:", fehler.message);
  // *Spezifischen Fehler behandeln...*

} finally {
  // *Dieses Aufräumen läuft, egal ob die Operation erfolgreich war oder
fehlschlug*
  console.log("Betrete finally-Block...");
  if (ressourceErworben) {
    console.log("Gebe Ressource frei...");
    ressourceErworben = false; // *Simuliere Aufräumen*
  } else {
      console.log("Keine Ressource wurde erworben, nichts freizugeben.");
  }
  console.log("Finally-Block beendet.");
}

console.log("Ausführung wird nach try...catch...finally fortgesetzt.");
```

Eigene Fehler werfen (throw)

Bisher haben wir uns hauptsächlich darauf konzentriert, Fehler *abzufangen*, die JavaScript oder externe Operationen möglicherweise generieren. Aber manchmal muss *dein eigener Code* signalisieren, dass etwas basierend auf der Logik deiner Anwendung nicht stimmt. Vielleicht erhält eine Funktion ungültige Eingaben, oder eine wesentliche Bedingung ist nicht erfüllt.

Du kannst deine eigenen Fehler mit der throw-Anweisung generieren. Wenn throw ausgeführt wird, stoppt es sofort den aktuellen Ausführungsfluss (genau wie ein eingebauter Fehler) und startet den Prozess der Suche nach einem umschließenden catch-Block.

```
throw ausdruck;
```

Der ausdruck, den du wirfst, kann technisch gesehen jeder Wert sein (ein String, eine Zahl, ein Boolean), aber es wird **dringend empfohlen**, immer ein `Error`-Objekt (oder ein Objekt, das von `Error` erbt) zu werfen.

```
function berechneRabatt(preis, prozent) {
  if (typeof preis !== 'number' || preis <= 0) {
    // *Wirf einen Fehler für ungültige Eingabe*
    throw new Error("Ungültiger Preis angegeben. Preis muss eine positive Zahl sein.");
  }
  if (typeof prozent !== 'number' || prozent < 0 || prozent > 100) {
    throw new Error("Ungültiger Prozentsatz. Muss zwischen 0 und 100 liegen.");
  }

  return preis - (preis * (prozent / 100));
}

try {
  let rabattPreis = berechneRabatt(50, 10); // *Gültige Eingabe*
  console.log(`Rabattierter Preis 1: ${rabattPreis}`);

  rabattPreis = berechneRabatt(-5, 10); // *Ungültiger Preis*
  console.log(`Rabattierter Preis 2: ${rabattPreis}`); // *Dies wird nicht ausgeführt*

} catch (fehler) {
  console.error("Fehler beim Berechnen des Rabatts:", fehler.message);
}

try {
    let rabattPreis3 = berechneRabatt(100, 150); // *Ungültiger Prozentsatz*
    console.log(`Rabattierter Preis 3: ${rabattPreis3}`); // *Dies wird nicht ausgeführt*
} catch (fehler) {
    console.error("Fehler beim Berechnen des Rabatts:", fehler.message);
}

// *Ausgabe:*
// Rabattierter Preis 1: 45
// Fehler beim Berechnen des Rabatts: Ungültiger Preis angegeben. Preis muss eine positive Zahl sein.
// Fehler beim Berechnen des Rabatts: Ungültiger Prozentsatz. Muss zwischen 0 und 100 liegen.
```

Das Werfen spezifischer Fehler macht deine Funktionen robuster, indem klar angezeigt wird, wenn Vorbedingungen nicht erfüllt sind, und verhindert wird, dass sie mit ungültigen Daten fortfahren.

Das `Error`-Objekt

Wie bereits erwähnt, ist es Best Practice, Instanzen des eingebauten `Error`-Objekts oder seiner Nachkommen zu werfen. Das Erstellen ist einfach:

```
const meinFehler = new Error("Eine beschreibende Nachricht darüber, was
schiefgelaufen ist");
```

Warum `Error`-Objekte verwenden?

- **Standardeigenschaften:** Sie kommen mit Standardeigenschaften, die Fehlerbehandlungswerkzeuge und Entwickler erwarten:
    - `fehler.name`: Ein String, der den Fehlertyp angibt (z. B. "Error", "TypeError", "ReferenceError"). Bei Standardfehlern wird dieser automatisch gesetzt. Bei `new Error()` ist der Standardwert "Error".
    - `fehler.message`: Der beschreibende String, den du an den Konstruktor übergeben hast.
    - `fehler.stack` (nicht standardisiert, aber weit verbreitet unterstützt): Ein String, der den Stack-Trace enthält – die Sequenz der Funktionsaufrufe, die zum Fehler geführt haben. Dies ist unglaublich nützlich beim Debuggen.
- **Klarheit:** Die Verwendung von `instanceof Error` in einem `catch`-Block kann helfen, zwischen absichtlich geworfenen Fehlern und anderen potenziellen Ausnahmen zu unterscheiden.
- **Eingebaute Fehlertypen:** JavaScript hat mehrere eingebaute Fehlerkonstruktoren, die von `Error` erben und spezifische Fehlerkategorien repräsentieren:
    - `SyntaxError`: Code verstößt gegen die Syntaxregeln von JavaScript (wird normalerweise von der Engine *vor* der Ausführung abgefangen).
    - `ReferenceError`: Versuch, auf eine Variable zuzugreifen, die nicht deklariert wurde.
    - `TypeError`: Eine Operation wird auf einem Wert eines ungeeigneten Typs ausgeführt (z. B. Aufruf einer Methode auf `null`, Behandlung eines Strings wie eine Funktion).

- RangeError: Eine Zahl liegt außerhalb ihres zulässigen Bereichs (z. B. ungültige Array-Länge).
- URIError: Problem beim Kodieren oder Dekodieren einer URI.

Du kannst diese spezifischeren Fehlertypen verwenden, wenn du deine eigenen Fehler wirfst, falls sie zur Situation passen:

```
function greifeAufArrayZu(arr, index) {
    if (index < 0 || index >= arr.length) {
        throw new RangeError(`Index ${index} liegt außerhalb der Grenzen für
Array der Länge ${arr.length}`);
    }
    return arr[index];
}

try {
    let farben = ["rot", "grün"];
    console.log(greifeAufArrayZu(farben, 1)); // *Ausgabe: grün*
    console.log(greifeAufArrayZu(farben, 5)); // *Wirft RangeError*
} catch (fehler) {
    console.error(`Fehler abgefangen: ${fehler.name} - ${fehler.message}`);
    // *Ausgabe: Fehler abgefangen: RangeError - Index 5 liegt außerhalb der
Grenzen für Array der Länge 2*
}
```

Strategien zur Fehlerbehandlung

Okay, wir wissen *wie* man Fehler abfängt und wirft, aber *wo* und *wie* sollten wir dies anwenden?

- **Sei spezifisch:** Fange Fehler so nah wie möglich an der Stelle ab, an der sie auftreten könnten, wenn du sie dort sinnvoll behandeln kannst. Vermeide übermäßig breite try...catch-Blöcke um große Codeabschnitte, es sei denn, es dient der allgemeinen Protokollierung auf oberster Ebene.
- **Verschlucke keine Fehler:** Vermeide leere catch-Blöcke (catch (fehler) {}). Protokolliere den Fehler zumindest (console.error(fehler)), damit du während der Entwicklung weißt, dass etwas schiefgelaufen ist. Das stille Ignorieren von Fehlern macht das Debuggen fast unmöglich.
- **Benutzerfeedback:** Zeige Endbenutzern keine rohen technischen Fehlermeldungen (fehler.message, fehler.stack) direkt an. Fange den technischen Fehler ab, protokolliere ihn für dich selbst und zeige eine benutzerfreundliche

Nachricht an, die das Problem in einfachen Worten erklärt und nach Möglichkeit Lösungen vorschlägt.

- **Promises:** Denke daran, dass `.catch()` die idiomatische Methode zur Fehlerbehandlung in Promise-Ketten ist, obwohl `try...catch` mit `await` dasselbe Ziel innerhalb von `async`-Funktionen erreicht.
- **Aufräumen:** Verwende `finally` für Code, der *unbedingt* ausgeführt werden muss, um Ressourcen aufzuräumen, unabhängig von Erfolg oder Misserfolg.

Kapitelzusammenfassung

Dieses Kapitel hat dich mit den wesentlichen Werkzeugen zur **Fehlerbehandlung** in JavaScript ausgestattet. Wir haben gelernt, dass das Antizipieren und Verwalten von Fehlern entscheidend für die Erstellung robuster und benutzerfreundlicher Anwendungen ist. Wir untersuchten die grundlegende `try...catch`-Anweisung zur Behandlung synchroner Fehler und Fehler, die von `await` geworfen werden. Wir sahen, wie der optionale `finally`-Block einen zuverlässigen Mechanismus zur Ausführung von Aufräumcode bietet. Wir lernten, wie man Probleme in unserer eigenen Logik signalisiert, indem man benutzerdefinierte Fehler mit der `throw`-Anweisung **wirft**, und betonten die Best Practice, Instanzen des eingebauten `Error`-Objekts (oder seiner Nachkommen wie `TypeError`, `RangeError`) zu werfen, um standardisierte Fehlerinformationen (`name`, `message`, `stack`) bereitzustellen. Schließlich berührten wir praktische Strategien zur effektiven Anwendung dieser Werkzeuge.

Mit der Fähigkeit, Fehler elegant zu behandeln und asynchrone Operationen effektiv zu verwalten, wird unser Code wesentlich widerstandsfähiger. Doch wenn Anwendungen wachsen, wird es unpraktisch, unseren gesamten Code – Funktionen, Variablen, Objektdefinitionen – in einer einzigen Datei zu halten. Wir brauchen Möglichkeiten, unseren Code in logische, wiederverwendbare Einheiten zu organisieren. Im nächsten Kapitel werden wir **Module** untersuchen, das System von JavaScript zur Aufteilung von Code auf mehrere Dateien und zur gemeinsamen Nutzung von Funktionalität zwischen ihnen.

16
Module

Wenn unsere JavaScript-Anwendungen an Komplexität zunehmen und mehr Funktionen, Objekte, Variablen und Logik hinzugefügt werden, wird es immer schwieriger, alles in einer einzigen .js-Datei zu verwalten. Stell dir ein Buch vor, in dem jedes einzelne Wort, jeder Satz und jeder Absatz aus jedem Kapitel nacheinander in einer riesigen Schriftrolle geschrieben wäre – das Finden spezifischer Informationen, das Vornehmen von Änderungen oder das Umordnen von Abschnitten wäre ein Albtraum! Ähnlich leiden große JavaScript-Projekte, die in eine Datei gepfercht sind, unter:

- **Schlechter Lesbarkeit:** Es ist schwer, die Gesamtstruktur zu navigieren und zu verstehen.
- **Namenskollisionen:** Verschiedene Teile des Codes könnten versehentlich dieselben Variablen- oder Funktionsnamen verwenden, was zu unerwarteten Überschreibungen und Fehlern führt (insbesondere die Verschmutzung des globalen Scopes, wie wir in Kapitel 9 besprochen haben).
- **Schwieriger Wartung:** Das Ändern eines Logikteils könnte unbeabsichtigt einen anderen, nicht zusammenhängenden Teil beschädigen.
- **Mangelnder Wiederverwendbarkeit:** Das Extrahieren einer nützlichen Funktion oder Komponente zur Verwendung in einem anderen Projekt wird zu einer mühsamen Kopier-und-Einfüge-Übung.

Wir brauchen eine Möglichkeit, unseren Code in kleinere, in sich geschlossene, logische Einheiten aufzuteilen. Hier kommen **Module** ins Spiel. Module ermöglichen es dir, deinen JavaScript-Code auf mehrere Dateien aufzuteilen und zusammengehörige Funktionalität zusammenzuhalten. Jedes Modul kann dann auswählen, welche Teile seines Codes (Variablen, Funktionen, Klassen usw.) es für andere Module zur Verfügung stellen (export) und auf welche Module es sich verlassen muss (import). Dieses Kapitel untersucht das standardmäßige Modulsystem, das in modernes JavaScript integriert ist, bekannt als ES Modules (ECMAScript Modules).

Die Notwendigkeit von Modulen

Bevor ES Modules zum Standard wurden, entwickelte die JavaScript-Community verschiedene Muster und Systeme, um das Problem der Code-Organisation anzugehen:

- **Das Modul-Muster (mit IIFEs):** Umfasste das Verpacken von Code in Immediately Invoked Function Expressions (IIFEs), um privaten Scope zu erstellen und selektiv öffentliche Schnittstellen freizulegen. Obwohl clever, basierte es auf Konventionen und konnte ausführlich sein.
- **Asynchronous Module Definition (AMD):** Popularisiert durch RequireJS, hauptsächlich in Browsern zum asynchronen Laden von Modulen verwendet.
- **CommonJS (CJS):** Das traditionell von Node.js auf der Serverseite verwendete Modulsystem, das require() zum Importieren und module.exports zum Exportieren verwendet.

Obwohl du möglicherweise auf diese älteren Systeme stößt (insbesondere CommonJS in Node.js-Umgebungen oder älterem Code), sind **ES Modules (ESM)** das offizielle, standardisierte Modulsystem, das von ECMAScript spezifiziert und von modernen Browsern und Node.js nativ unterstützt wird. ESM bietet eine sauberere, deklarative Syntax, die direkt in die Sprache integriert ist. Dieses Kapitel konzentriert sich ausschließlich auf ES Modules.

ES Modules (ESM)

Die Kernprinzipien von ES Modules sind einfach:

1. **Dateibasiert:** Jede Datei (.js) wird als separates Modul behandelt.
2. **Modul-Scope:** Variablen, Funktionen und Klassen, die auf der obersten Ebene innerhalb einer Moduldatei deklariert werden, sind standardmäßig **lokal** für dieses Modul. Sie werden nicht automatisch zum globalen Scope hinzugefügt.
3. **Explizite Exporte:** Um etwas, das innerhalb eines Moduls definiert ist, für andere Module zugänglich zu machen, musst du es explizit mit dem export-Schlüsselwort **exportieren**.

4. **Explizite Importe:** Um von einem anderen Modul exportierte Funktionalität zu verwenden, musst du sie explizit mit dem `import`-Schlüsselwort in dein aktuelles Modul **importieren**.
5. **Strikter Modus (Strict Mode):** Modulcode wird automatisch im strikten Modus von JavaScript ausgeführt (der hilft, häufige Fehler abzufangen und eine strengere Syntax erzwingt), ohne dass `"use strict";` erforderlich ist.

Dieses System fördert die Kapselung, verhindert die Verschmutzung des globalen Scopes und macht Abhängigkeiten klar.

Code exportieren

Stellen wir uns vor, wir haben eine Datei namens `utils.js`, in der wir einige Hilfsfunktionen definieren. Wir müssen sie exportieren, damit andere Dateien sie verwenden können.

Benannte Exporte (Named Exports)

Du kannst mehrere Werte aus einem Modul namentlich exportieren. Es gibt zwei Möglichkeiten, dies zu tun:

1. Inline-Exporte: Platziere das `export`-Schlüsselwort direkt vor die Deklaration der Variable, Funktion oder Klasse, die du exportieren möchtest.

```
// Datei: utils.js

export const PI = 3.14159;

export function berechneUmfang(radius) {
  return 2 * PI * radius;
}

export function berechneFlaeche(radius) {
  return PI * radius * radius;
}

// *Diese Funktion wird NICHT exportiert, sie ist lokal für utils.js*
function protokolliereBerechnung(wert) {
  console.log("Berechneter Wert:", wert);
}
```

2. Exportliste: Deklariere deine Elemente normal und liste dann diejenigen auf, die du exportieren möchtest, in einer `export`-Anweisung am Ende der Datei (oder irgendwo auf der obersten Ebene). Du kannst Exporte auch mit dem as-Schlüsselwort umbenennen.

```
// Datei: config.js

const apiSchluessel = "xyz123abc";
const standardTimeout = 5000; // *Millisekunden*

function verbindeZuApi() {
  console.log(`Verbinde mit API-Schlüssel: ${apiSchluessel}`);
  // ... Verbindungslogik ...
}

// *Exportiere spezifische Elemente am Ende*
export { apiSchluessel, standardTimeout as timeoutDauer, verbindeZuApi };

// *apiSchluessel wird als 'apiSchluessel' exportiert*
// *standardTimeout wird als 'timeoutDauer' exportiert*
// *verbindeZuApi wird als 'verbindeZuApi' exportiert*
```

Benannte Exporte ermöglichen es Konsumenten deines Moduls, nur die spezifischen Teile zu importieren, die sie benötigen.

Standardexporte (Default Exports)

Manchmal ist ein Modul hauptsächlich darauf ausgelegt, eine Hauptsache zu exportieren, wie eine Klassendefinition oder ein Hauptkonfigurationsobjekt. Dafür kannst du einen **Standardexport (Default Export)** verwenden. Ein Modul kann **höchstens einen** Standardexport haben.

```
// Datei: BenutzerProfil.js

// *Exportieren einer Klasse als Standard*
export default class BenutzerProfil {
  constructor(name, email) {
    this.name = name;
    this.email = email;
  }

  zeigeInfo() {
    console.log(`Name: ${this.name}, Email: ${this.email}`);
  }
}

// *Du könntest auch eine Funktion oder einen Wert als Standard exportieren:*
```

```
// export default function sageHallo() { ... }
// export default { thema: 'dunkel', schriftgroesse: 12 };
```

Du verwendest keinen Namen direkt nach `export default` (es sei denn, du exportierst eine bereits deklarierte benannte Funktion oder Klasse). Das importierende Modul darf den Namen beim Importieren des Standardwerts wählen.

Hinweis: Obwohl du benannte Exporte und einen Standardexport im selben Modul *kombinieren kannst*, ist es oft klarer, sich nach Möglichkeit innerhalb eines einzelnen Moduls hauptsächlich an einen Stil zu halten (meist benannt oder meist Standard).

Code importieren

Nehmen wir nun an, wir haben eine andere Datei, `main.js`, und wir möchten die aus `utils.js`, `config.js` und `BenutzerProfil.js` exportierte Funktionalität verwenden. Wir verwenden die `import`-Anweisung am Anfang von `main.js`.

Benannte Exporte importieren

Um Werte zu importieren, die namentlich exportiert wurden, verwendest du geschweifte Klammern {}, in denen die spezifischen Namen aufgelistet sind, die du möchtest.

```
// Datei: main.js

// *Importiere spezifische benannte Exporte aus utils.js*
import { berechneFlaeche, berechneUmfang, PI } from './utils.js';

// *Importiere benannte Exporte aus config.js, unter Verwendung des exportierten
Alias*
import { apiSchluessel, timeoutDauer } from './config.js';

console.log(`PI ist ungefähr: ${PI}`);
let radius = 5;
let flaeche = berechneFlaeche(radius);
let umfang = berechneUmfang(radius);

console.log(`Radius: ${radius}, Fläche: ${flaeche}, Umfang: ${umfang}`);
console.log(`Verwende API-Schlüssel: ${apiSchluessel}, Timeout: $
{timeoutDauer}ms`);

// *Der Versuch, nicht exportierte Elemente zu verwenden, schlägt fehl:*
```

```
// protokolliereBerechnung(flaeche); // Fehler: protokolliereBerechnung ist
nicht definiert
```

Importe umbenennen: Wenn der importierte Name mit einer vorhandenen Variablen in deinem aktuellen Modul kollidiert oder wenn du einfach einen anderen Namen bevorzugst, kannst du Importe mit as umbenennen.

```
// Datei: main.js (alternativer Import)
import { berechneFlaeche as berechneKreisFlaeche, PI as kreisKonstante } from
'./utils.js';

let radius = 10;
let flaeche = berechneKreisFlaeche(radius); // *Verwende den neuen Namen*
console.log(`Kreiskonstante: ${kreisKonstante}, Fläche: ${flaeche}`);
```

Namespace-Import: Wenn du *alle* benannten Exporte aus einem Modul als Eigenschaften eines einzelnen Objekts importieren möchtest, kannst du die Namespace-Import-Syntax (* as ModulName) verwenden.

```
// Datei: main.js (alternativer Import)
import * as Utils from './utils.js'; // *Importiere alles in das 'Utils'-Objekt*
import * as Config from './config.js';

let radius = 2;
let flaeche = Utils.berechneFlaeche(radius); // *Zugriff über
Utils.berechneFlaeche*
let umfang = Utils.berechneUmfang(radius);
console.log(`Radius: ${radius}, Fläche: ${flaeche}, Umfang: ${umfang}`);
console.log(`Config API-Schlüssel: ${Config.apiSchluessel}`);
```

Standardexporte importieren

Beim Importieren eines Standardexports verwendest du keine geschweiften Klammern. Du gibst einfach einen Namen (der beliebig sein kann) für den importierten Wert an.

```
// Datei: main.js (Fortsetzung)

// *Importiere den Standardexport aus BenutzerProfil.js*
// *Wir können hier jeden Namen wählen, 'BenutzerProfil' ist konventionell*
import BenutzerProfil from './BenutzerProfil.js';
```

```
const benutzer1 = new BenutzerProfil("Bob", "bob@example.com");
benutzer1.zeigeInfo(); // *Ausgabe: Name: Bob, Email: bob@example.com*
```

Sowohl Standard- als auch benannte Exporte importieren

Wenn ein Modul sowohl einen Standardexport als auch benannte Exporte bereitstellt, kannst du sie zusammen in einer einzigen Anweisung importieren. Der Standardimport kommt zuerst, gefolgt von den benannten Importen in geschweiften Klammern.

```
// *Angenommen 'modulX.js' hat: export default function hauptAktion() {...}*
// *und: export const version = '1.0';*

import hauptAktion, { version } from './modulX.js';

console.log(`Läuft Modulversion: ${version}`);
hauptAktion();
```

Dateipfade

Der String nach dem from-Schlüsselwort gibt den Pfad zur Moduldatei an.

- **Relative Pfade:** Pfade, die mit ./ (aktuelles Verzeichnis) oder ../ (übergeordnetes Verzeichnis) beginnen, sind relativ zum Speicherort der *aktuellen* Moduldatei. Dies ist die gebräuchlichste Methode, um deine eigenen Projektmodule zu verknüpfen.
    - './utils.js'
    - '../komponenten/Button.js'
- **Absolute Pfade:** Pfade, die mit / beginnen, beziehen sich auf das Stammverzeichnis der Domain (weniger üblich für Modulimporte).
- **Bare Specifiers:** Modulnamen, die nicht mit ., .. oder / beginnen (z. B. 'lodash' oder 'react'). Diese beziehen sich typischerweise auf externe Bibliotheken, die über einen Paketmanager (wie npm) installiert wurden, und erfordern eine spezifische Konfiguration oder Build-Tools zur korrekten Auflösung. Wir werden hier nicht auf Paketverwaltung eingehen.

Dateierweiterungen: In Browsern **musst** du im Allgemeinen die Dateierweiterung .js (oder .mjs in einigen Kontexten) in deinen Importpfaden angeben. Node.js hat Regeln, die es manchmal erlauben, die Erweiterung wegzulassen, aber explizit zu sein ist oft sicherer.

Module in HTML (`<script type="module">`)

Um ES Modules direkt in einem Webbrowser zu verwenden, musst du dem Browser mitteilen, dass deine Skriptdatei *ein Modul ist*. Du tust dies, indem du das Attribut `type="module"` zu deinem `<script>`-Tag in der HTML-Datei hinzufügst.

```
<!DOCTYPE html>
<html>
<head>
    <title>Module verwenden</title>
    <!-- CSS, etc. -->
</head>
<body>
    <h1>Meine modulare App</h1>
    <!-- Inhalt -->

    <!-- Lade das Haupt-Einstiegspunkt-Skript als Modul -->
    <script type="module" src="main.js"></script>

    <!-- Du kannst auch Inline-Modulskripte haben -->
    <!-- <script type="module">
      import { irgendeineFunktion } from './anderesModule.js';
      irgendeineFunktion();
    </script> -->
</body>
</html>
```

Wichtige Verhaltensweisen von `<script type="module">`:

- **Ermöglicht** `import/export`: Erlaubt die Verwendung der ES-Modul-Syntax innerhalb des Skripts und aller Module, die es importiert.
- **Verzögerte Ausführung (Deferred Execution):** Modulskripte verhalten sich standardmäßig wie Skripte mit dem `defer`-Attribut. Sie werden potenziell parallel heruntergeladen, aber erst ausgeführt, *nachdem* das HTML-Dokument vollständig geparst wurde, wobei ihre relative Reihenfolge beibehalten wird.
- **Modul-Scope:** Auf oberster Ebene in einem Modulskript deklarierte Variablen sind lokal für dieses Skript, nicht global.
- **Strikter Modus:** Standardmäßig aktiviert.

Projekte mit Modulen strukturieren

Module fördern auf natürliche Weise eine bessere Projektorganisation:

- **Trennung der Belange (Separation of Concerns)**: Gruppiere zusammenge-hörige Funktionen, Klassen oder Daten in eigenen Dateien (z. B. `apiCli-ent.js`, `domUtils.js`, `benutzerValidierung.js`).
- **Verzeichnisse**: Verwende Verzeichnisse, um zusammengehörige Module zu gruppieren (z. B. `src/komponenten/`, `src/helfer/`, `src/dienste/`).
- **Klare Abhängigkeiten**: `import`-Anweisungen am Anfang einer Datei doku-mentieren klar, von welchen anderen Teilen des Systems das Modul abhängt.
- **Refactoring**: Das Ändern der Interna eines Moduls führt weniger wahrschein-lich dazu, dass andere beschädigt werden, solange die exportierte Schnittstelle konsistent bleibt.
- **Testen**: In sich geschlossene Module sind im Allgemeinen leichter isoliert zu testen.

Modul-Scope erneut betrachtet

Es lohnt sich, nochmals zu betonen: Das Deklarieren einer Variable oder Funktion auf der obersten Ebene innerhalb einer Datei, die als Modul behandelt wird, macht sie *nicht* global.

```
// Datei: modulEins.js
let nachricht = "Hallo aus Modul Eins"; // *Lokal für modulEins.js*

export function gruessen() {
  console.log(nachricht);
}

// Datei: modulZwei.js
import { gruessen } from './modulEins.js';

let nachricht = "Hi aus Modul Zwei"; // *Lokal für modulZwei.js - KEIN Konflikt!
*

gruessen(); // *Ausgabe: Hallo aus Modul Eins*
console.log(nachricht); // *Ausgabe: Hi aus Modul Zwei*
```

Module bieten echte Kapselung und lösen das Problem der Verschmutzung des glob-alen Namespace, das frühere JavaScript-Entwicklungsmuster plagte.

Dynamische Importe (Kurze Erwähnung)

Während standardmäßige `import`-Anweisungen auf der obersten Ebene eines Moduls stehen müssen, gibt es auch eine Möglichkeit, Module dynamisch oder bedingt mithilfe der `import()`-funktionsähnlichen Syntax zu laden. `import(modulPfad)` beginnt mit dem Laden des Moduls und gibt ein **Promise** zurück, das mit dem Namespace-Objekt des Moduls erfüllt wird, sobald das Laden abgeschlossen ist.

```
// *Lade './analytics.js' nur, wenn der Benutzer einen bestimmten Button klickt*
const analyticsButton = document.getElementById('trackBtn'); // Angenommen,
dieser Button existiert

analyticsButton.addEventListener('click', () => {
  import('./analytics.js') // *Gibt ein Promise zurück*
    .then(AnalyticsModul => {
      // *Modul erfolgreich geladen*
      AnalyticsModul.trackEvent('button_klick');
    })
    .catch(fehler => {
      console.error("Fehler beim Laden des Analytics-Moduls:", fehler);
    });
});
```

Dies ist fortgeschrittener, aber wesentlich für Techniken wie **Code Splitting** (Teile deiner Anwendung nur bei Bedarf laden), um die anfängliche Seitenladeleistung zu verbessern.

Kapitelzusammenfassung

Dieses Kapitel behandelte die kritische Aufgabe der Organisation größerer JavaScript-Codebasen mithilfe von **ES Modules (ESM)**. Wir sahen, wie Module die Probleme der globalen Scope-Verschmutzung und Namenskollisionen lösen, indem sie jeder Datei ihren eigenen **Modul-Scope** geben. Wir lernten, wie man Funktionalität mit `export` verfügbar macht (sowohl **benannte Exporte** für mehrere Elemente als auch **Standardexporte** für ein einzelnes Hauptelement) und wie man diese Funktionalität in anderen Modulen mit `import` konsumiert (Import nach Namen `{...}`, Verwendung von Aliasen `as`, Namespace-Importe `* as Name` und Import von Standards). Wir behandelten, wie man Module im Browser mit `<script type="module">` aktiviert und diskutierten die Vorteile, die Module für Projektstruktur, Wartbarkeit und Wiederverwendbarkeit bringen. Wir berührten auch kurz dynamische Importe mit `import()`.

Mit Modulen kannst du deinen Code logisch strukturieren, was die Verwaltung, das Testen und die Zusammenarbeit erleichtert. Nachdem wir nun unseren Code organisieren und asynchrone Operationen handhaben können, sind wir bereit, eine häufige asynchrone Aufgabe in der Webentwicklung anzugehen: die Kommunikation mit Servern zum Abrufen oder Senden von Daten mithilfe von APIs. Im nächsten Kapitel werden wir untersuchen, wie man die `fetch`-API verwendet, um Netzwerkanfragen zu stellen.

17
Mit APIs arbeiten

Im vorigen Kapitel haben wir Module gemeistert und gelernt, wie wir unseren Code in separate, wiederverwendbare Dateien organisieren. Wir haben auch asynchrone Operationen mithilfe von Callbacks, Promises und der eleganten `async`/`await`-Syntax bewältigt (Kapitel 12-14). Jetzt sind wir bereit, diese Konzepte auf eine der häufigsten asynchronen Aufgaben in der Webentwicklung anzuwenden: die Kommunikation mit Servern.

Moderne Webanwendungen existieren selten isoliert. Sie müssen oft Daten von einer zentralen Quelle abrufen (wie Produktinformationen, Benutzerprofile oder Nachrichtenartikel), Benutzereingaben zum Speichern senden (wie das Absenden eines Formulars oder das Posten eines Kommentars) oder mit Diensten von Drittanbietern interagieren (wie das Abrufen von Wetterinformationen oder die Abwicklung von Zahlungen). Diese Kommunikation findet über das Netzwerk statt, typischerweise zwischen dem Browser des Benutzers (dem Client) und einem entfernten Computer (dem Server). Die Regeln und Verträge, die regeln, wie diese verschiedenen Softwarekomponenten miteinander sprechen, werden durch **Application Programming Interfaces (APIs)** definiert. Dieses Kapitel führt dich in die Welt der Web-APIs ein und zeigt dir, wie du die eingebaute `fetch`-API von JavaScript verwendest, um Netzwerkanfragen zu stellen und die Antworten zu verarbeiten, oft unter Verwendung des beliebten JSON-Datenformats.

Was ist eine API?

Stell dir vor, du gehst in ein Restaurant. Du gehst nicht in die Küche und fängst an, dein eigenes Essen zu kochen. Stattdessen interagierst du mit einer **Speisekarte** (die die verfügbaren Optionen und deren Inhalt auflistet) und einem **Kellner** (der deine Bestellung aufnimmt, sie an die Küche weiterleitet und dir das Essen zurückbringt).

In der Softwarewelt fungiert eine **API (Application Programming Interface)** wie dieses Speisekarten- und Kellnersystem. Es ist ein definierter Satz von Regeln, Protokollen und Werkzeugen, der es verschiedenen Softwareanwendungen oder Komponenten ermöglicht, miteinander zu kommunizieren und zu interagieren, ohne die komplizierten Details ihrer internen Funktionsweise kennen zu müssen.

Im Kontext der Webentwicklung sprechen wir oft von **Web-APIs**. Dies sind APIs, auf die über das Internet mittels des HTTP-Protokolls zugegriffen wird (demselben Protokoll, das dein Browser zum Laden von Webseiten verwendet). Ein Server stellt eine Web-API zur Verfügung und definiert spezifische **Endpunkte** (URLs), an die der Client (wie dein im Browser laufender JavaScript-Code) Anfragen senden kann. Diese Anfragen können nach Daten fragen (`GET`), neue Daten zum Erstellen senden (`POST`), vorhandene Daten aktualisieren (`PUT` oder `PATCH`) oder Daten löschen (`DELETE`). Der Server verarbeitet die Anfrage und sendet eine Antwort zurück, die normalerweise die angeforderten Daten oder eine Statusbestätigung enthält.

Wichtige Vorteile der Verwendung von APIs:

- **Abstraktion:** Der Client muss nicht wissen, *wie* der Server Daten speichert oder seine interne Logik ausführt; er muss nur wissen, wie er Anfragen gemäß den Regeln der API stellt.
- **Modularität:** Verschiedene Teile eines Systems (Frontend, Backend, mobile App) können unabhängig voneinander entwickelt werden, solange sie sich an den API-Vertrag halten.
- **Wiederverwendbarkeit:** Eine einzelne API auf dem Server kann mehrere Clients bedienen (Webbrowser, mobile Apps, andere Server).

REST-APIs verstehen

Obwohl es verschiedene Arten von Web-APIs gibt (wie SOAP oder GraphQL), ist ein sehr verbreiteter und einflussreicher Architekturstil **REST (Representational State Transfer)**. Viele Web-APIs, auf die du stoßen wirst, sind nach REST-Prinzipien entworfen und werden oft als **RESTful APIs** bezeichnet.

Kernkonzepte von REST umfassen:

1. **Ressourcen:** Alles wird als Ressource behandelt (z. B. ein Benutzer, ein Produkt, eine Sammlung von Artikeln). Jede Ressource wird durch eine eindeutige URL (Uniform Resource Locator), auch Endpunkt genannt, identifiziert.
   - `/api/benutzer` (Repräsentiert eine Sammlung von Benutzern)
   - `/api/benutzer/123` (Repräsentiert einen spezifischen Benutzer mit ID 123)
   - `/api/produkte/45` (Repräsentiert ein spezifisches Produkt)

2. **HTTP-Methoden (Verben):** Standard-HTTP-Methoden werden verwendet, um Aktionen (CRUD - Create, Read, Update, Delete) auf diesen Ressourcen durchzuführen.
   - `GET`: Eine Ressource abrufen (z. B. `GET /api/benutzer/123`, um die Details von Benutzer 123 zu erhalten).
   - `POST`: Eine neue Ressource erstellen (z. B. `POST /api/benutzer` mit Benutzerdaten im Request Body, um einen neuen Benutzer zu erstellen).
   - `PUT`: Eine vorhandene Ressource vollständig aktualisieren/ersetzen (z. B. `PUT /api/benutzer/123` mit vollständigen aktualisierten Benutzerdaten).
   - `PATCH`: Eine vorhandene Ressource teilweise aktualisieren (z. B. `PATCH /api/benutzer/123` nur mit dem E-Mail-Feld, um nur die E-Mail zu aktualisieren).
   - `DELETE`: Eine Ressource entfernen (z. B. `DELETE /api/benutzer/123`, um Benutzer 123 zu löschen).

3. **Repräsentationen:** Clients interagieren mit Repräsentationen von Ressourcen. Wenn du `/api/benutzer/123` anforderst, erhältst du nicht den tatsächlichen Datenbankdatensatz; du erhältst eine *Repräsentation* der Daten dieses Benutzers, üblicherweise in einem Standardformat wie JSON.

4. **Zustandslosigkeit (Statelessness):** Jede Anfrage vom Client an den Server muss alle Informationen enthalten, die der Server benötigt, um sie zu verstehen und zu verarbeiten. Der Server speichert keinen Client-Kontext zwischen Anfragen. (Authentifizierung wird oft über Tokens gehandhabt, die in Headern übergeben werden).

Das Verständnis dieser REST-Konzepte hilft dir, API-Dokumentationen zu interpretieren und deine clientseitigen Anfragen effektiv zu strukturieren.

Anfragen stellen mit der `fetch`-API

Moderne Browser bieten eine leistungsstarke und flexible Funktion zum Stellen von Netzwerkanfragen: fetch(). Sie basiert auf Promises, was sie perfekt in die asynchronen Muster integriert, die wir in Kapitel 13 und 14 gelernt haben (.then/.catch und async/await).

Die grundlegende Syntax für eine einfache GET-Anfrage lautet:

```
fetch(ressourcenUrl) // *Übergib die URL des API-Endpunkts*
  .then(antwort => {
    // *Behandle das initiale Response-Objekt*
  })
  .catch(fehler => {
    // *Behandle Netzwerkfehler*
  });
```

- fetch(ressourcenUrl): Initiiert die Netzwerkanfrage an die angegebene URL. Standardmäßig führt es eine GET-Anfrage durch.
- **Gibt ein Promise zurück:** Entscheidend ist, dass fetch() sofort ein Promise zurückgibt. Dieses Promise löst sich nicht direkt mit den tatsächlichen Daten auf. Stattdessen löst es sich mit einem Response-Objekt auf, sobald der Server die Header der Antwort zurücksendet. Es wird nur abgelehnt, wenn ein grundlegender Netzwerkfehler vorliegt, der die Anfrage verhindert (wie ein DNS-Problem oder der Benutzer ist offline).

Versuchen wir, einige Daten von einer öffentlichen Beispiel-API abzurufen (JSON-Placeholder eignet sich hervorragend zum Testen):

```
const apiUrl = 'https://jsonplaceholder.typicode.com/posts/1'; // *URL für einen
einzelnen Beitrag*

console.log("Initiiere fetch-Anfrage...");

fetch(apiUrl)
  .then(antwort => {
    // *Wir erhalten hier das Response-Objekt, NOCH NICHT die endgültigen Daten*
    console.log("Initiale Antwort erhalten:", antwort);
    // *Wir müssen den Antwortkörper verarbeiten, um die Daten zu erhalten
(nächster Schritt)*
    // *Wir fügen die Körperverarbeitung bald hinzu*
  })
  .catch(fehler => {
```

```
    // *Dies fängt NUR Netzwerkfehler ab*
    console.error("Fetch aufgrund eines Netzwerkfehlers fehlgeschlagen:",
fehler);
  });

console.log("Fetch-Anfrage initiiert, warte auf Antwort...");
```

Das Ausführen dieses Codes zeigt dir ein `Response`-Objekt in der Konsole an, aber noch nicht die tatsächlichen Beitragsdaten. Wir müssen den Antwortkörper verarbeiten.

Antworten verarbeiten

Das `Response`-Objekt, mit dem das `fetch`-Promise aufgelöst wird, liefert Informationen über die Antwort (wie den Statuscode) und Methoden zum Lesen des Inhalts des Antwortkörpers. Das Lesen des Körpers ist *ebenfalls* eine asynchrone Operation, da der gesamte Körper möglicherweise noch nicht angekommen ist, als die Header eintrafen. Daher geben die Methoden zum Lesen des Körpers *ebenfalls Promises zurück*.

Wichtige `Response`-Eigenschaften und -Methoden:

- `response.ok`: Eine boolesche Eigenschaft, die `true` ist, wenn der HTTP-Statuscode im Erfolgsbereich liegt (200-299), und andernfalls `false` (z. B. für 404 Not Found, 500 Internal Server Error). **Dies ist entscheidend zur Überprüfung des Erfolgs auf Anwendungsebene.**
- `response.status`: Der numerische HTTP-Statuscode (z. B. `200`, `404`, `503`).
- `response.statusText`: Ein String, der dem Statuscode entspricht (z. B. `"OK"`, `"Not Found"`).
- `response.headers`: Ein `Headers`-Objekt, das die Antwortheader enthält.
- `response.json()`: Liest den Antwortkörper und versucht, ihn als JSON zu parsen. Gibt ein Promise zurück, das mit dem resultierenden JavaScript-Objekt oder Array aufgelöst wird.
- `response.text()`: Liest den Antwortkörper und gibt ein Promise zurück, das mit dem Körper als einfachem String aufgelöst wird.
- `response.blob()`: Liest den Antwortkörper und gibt ein Promise zurück, das mit einem `Blob`-Objekt aufgelöst wird (nützlich für Bilder, Dateien, Binärdaten).

Nun wollen wir die Antwort richtig behandeln und die JSON-Daten extrahieren:

```
const apiUrl = 'https://jsonplaceholder.typicode.com/posts/1';

console.log("Lade Beitragsdaten...");

fetch(apiUrl)
  .then(antwort => {
    console.log("Initialer Antwortstatus:", antwort.status); // *z.B. 200*
    console.log("Antwort OK?", antwort.ok); // *z.B. true*

    // *Prüfen, ob der Antwortstatus Erfolg anzeigt*
    if (!antwort.ok) {
      // *Wenn nicht OK (z.B. 404, 500), wirf einen Fehler, um .catch()
auszulösen*
      throw new Error(`HTTP-Fehler! Status: ${antwort.status}`);
    } else {
      // *Wenn OK, parse den JSON-Körper asynchron*
      // *Gib das Promise von response.json() für das nächste .then() zurück*
      return antwort.json();
    }
  })
  .then(beitragsDaten => {
    // *Dieses .then erhält die geparsten JSON-Daten von response.json()*
    console.log("--- Beitragsdaten empfangen ---");
    console.log("Titel:", beitragsDaten.title);
    console.log("Inhalt:", beitragsDaten.body);
    console.log("Benutzer-ID:", beitragsDaten.userId);
    console.log("-------------------------");
  })
  .catch(fehler => {
    // *Fängt sowohl Netzwerkfehler ALS AUCH den Fehler ab, der geworfen wurde,
wenn response.ok false war*
    console.error("Fehler beim Laden oder Verarbeiten der Daten:", fehler);
  });

console.log("Fetch initiiert...");
```

Dieses Muster ist sehr verbreitet:

1. `fetch()` aufrufen.
2. Im ersten `.then()` `response.ok` prüfen.
3. Wenn nicht ok, `throw new Error()`.
4. Wenn ok, `response.json()` (oder `.text()`, etc.) aufrufen und dessen Promise returnen.
5. Im zweiten `.then()` die tatsächlichen Daten verarbeiten, die von der Methode zur Körper-Verarbeitung empfangen wurden.

6. `.catch()` verwenden, um alle Fehler zu behandeln, die auf dem Weg aufgetreten sind.

Mit JSON-Daten arbeiten

JSON (JavaScript Object Notation) ist ein leichtgewichtigs, textbasiertes Datenaustauschformat. Es ist für Menschen leicht zu lesen und zu schreiben und für Maschinen (insbesondere JavaScript) leicht zu parsen und zu generieren. Es ist der De-facto-Standard für die meisten Web-APIs.

Die JSON-Syntax ähnelt sehr den JavaScript-Objektliteralen, jedoch mit strengeren Regeln:

- Schlüssel **müssen** doppelt zitierte Strings sein (`"schluessel"`).
- Werte können Strings (doppelt zitiert), Zahlen, Booleans (`true`/`false`), Arrays (`[...]`), andere JSON-Objekte (`{...}`) oder `null` sein.
- Keine Funktionen, `undefined`, Kommentare oder nachgestellte Kommas sind erlaubt.

Beispiel-JSON:

```
{
  "produktId": "ABC-789",
  "produktName": "Kabellose Tastatur",
  "preis": 75.50,
  "aufLager": true,
  "tags": ["computer", "peripherie", "kabellos"],
  "spezifikationen": {
    "layout": "QWERTZ",
    "farbe": "Schwarz"
  },
  "bewertungen": null
}
```

- **JSON parsen (Serverantwort -> JS-Objekt):** Wie wir gesehen haben, erledigt `response.json()` dies automatisch bei Verwendung von `fetch`. Es nimmt den JSON-Text aus dem Antwortkörper und wandelt ihn in ein entsprechendes JavaScript-Objekt oder Array um, mit dem du direkt arbeiten kannst.

- **JSON stringifizieren (JS-Objekt -> JSON-String):** Wenn du Daten an einen Server in einem Format senden musst, das er versteht (wie im Körper einer `POST`- oder `PUT`-Anfrage), musst du oft deine JavaScript-Objekte oder Arrays in einen JSON-String umwandeln. JavaScript bietet dafür das eingebaute `JSON`-Objekt:

- `JSON.stringify(wert)`: Nimmt einen JavaScript-Wert (Objekt, Array, Primitiv) und gibt seine JSON-String-Repräsentation zurück.

```
const zuSendenderBenutzer = {
  name: "Charlie",
  email: "charlie@example.com",
  istAdmin: false,
  letzterLogin: new Date() // *Daten haben kein direktes JSON-
Äquivalent*
};

const jsonString = JSON.stringify(zuSendenderBenutzer);
console.log(jsonString);
// *Ausgabe (Datum wird in ISO-String umgewandelt):*
//
{"name":"Charlie","email":"charlie@example.com","istAdmin":false,"letzte
rLogin":"2023-10-27T10:30:00.123Z"}

// *Hinweis: Eigenschaften mit undefined-Werten, Funktionswerten oder
Symbolen*
// *werden normalerweise von JSON.stringify() ausgelassen.*
```

Anfragen konfigurieren (Methode, Header, Body)

`fetch()` kann viel mehr als nur einfache GET-Anfragen. Du kannst die Anfrage anpassen, indem du ein optionales zweites Argument übergibst: ein **options-Objekt**.

```
fetch(ressourcenUrl, {
  method: 'POST', // *oder 'GET', 'PUT', 'DELETE', 'PATCH', etc.*
  headers: {
    // *Anfrageheader kommen hierhin*
  },
  body: /* ... Anfragedaten für den Körper ... */
});
```

Gängige Optionen umfassen:

- `method`: Ein String, der die HTTP-Methode angibt. Standard ist `'GET'`.

- headers: Ein Objekt (oder ein `Headers`-Objekt), das Anfrageheader angibt. Header liefern zusätzliche Informationen über die Anfrage (z. B. den Typ der gesendeten Daten, Authentifizierungsdaten).
  - `'Content-Type'`: Sehr wichtig beim Senden von Daten. Teilt dem Server mit, in welchem Format die `body`-Daten vorliegen. Für JSON verwende `'application/json'`.
  - `'Authorization'`: Wird oft verwendet, um API-Schlüssel oder Tokens zur Authentifizierung zu senden (z. B. `'Bearer dein_token_hier'`).
  - `'Accept'`: Teilt dem Server mit, welche Inhaltstypen der Client für die Antwort bevorzugt (z. B. `'application/json'`).
- body: Die Datennutzlast, die mit der Anfrage gesendet werden soll. Erforderlich für Methoden wie `POST`, `PUT`, `PATCH`.
  - Muss ein String, `Blob`, `FormData` oder ein ähnlicher Datentyp sein.
  - Beim Senden von JavaScript-Objekten als JSON **musst** du sie zuerst mit `JSON.stringify()` stringifizieren.

Alles zusammenfügen: POST-Anfrage Beispiel

Simulieren wir das Senden eines neuen Blogbeitrags an unsere JSONPlaceholder-API (sie wird ihn nicht tatsächlich speichern, aber die Antwort simulieren).

```
const erstelleBeitragUrl = 'https://jsonplaceholder.typicode.com/posts';

const neueBeitragsDaten = {
  title: 'Mein toller neuer Beitrag',
  body: 'Dies ist der Inhalt meines fantastischen Beitrags mit fetch!',
  userId: 10 // *Mit einer Benutzer-ID verknüpfen*
};

console.log("Sende POST-Anfrage...");

fetch(erstelleBeitragUrl, {
  method: 'POST', // *Methode angeben*
  headers: {
    // *Dem Server mitteilen, dass wir JSON senden*
    'Content-Type': 'application/json'
  },
  // *Das JS-Objekt in einen JSON-String für den Body umwandeln*
  body: JSON.stringify(neueBeitragsDaten)
})
  .then(antwort => {
```

```
      console.log("POST Antwortstatus:", antwort.status); // *Sollte 201 Created
sein*
    if (!antwort.ok) {
      // *Prüfe auf nicht-2xx Statuscodes*
      throw new Error(`HTTP-Fehler! Status: ${antwort.status}`);
    }
    // *Parse die JSON-Antwort (normalerweise das erstellte Objekt mit einer
ID)*
    return antwort.json();
  })
  .then(erstellterBeitrag => {
    console.log("--- Beitrag erfolgreich erstellt ---");
    console.log("Erstellter Beitrag:", erstellterBeitrag); // *Wird eine vom
Server zugewiesene ID enthalten*
    console.log("-----------------------------");
  })
  .catch(fehler => {
    console.error("Fehler beim Erstellen des Beitrags:", fehler);
  });

console.log("POST-Anfrage gesendet...");
```

Fehlerbehandlung mit `fetch`

Dies ist ein häufiger Punkt der Verwirrung. Lassen Sie uns wiederholen:

1. Das von `fetch()` selbst zurückgegebene Promise **lehnt nur bei Netzwerkfehlern ab** (kann nicht verbinden, DNS-Suche fehlgeschlagen, vom Browser erzwungene CORS-Probleme). Es lehnt **nicht** automatisch bei HTTP-Fehlerstatuscodes wie 404 oder 500 ab.

2. Bei Fehlern auf Anwendungsebene, die durch HTTP-Status angezeigt werden (4xx Client-Fehler, 5xx Server-Fehler), **erfüllt** das `fetch`-Promise und liefert das `Response`-Objekt.

3. Du **musst** die `response.ok`-Eigenschaft (oder `response.status`) manuell in deinem ersten `.then()`-Handler überprüfen, um diese HTTP-Fehler zu erkennen.

4. Wenn `response.ok` `false` ist, solltest du typischerweise `throw new Error(...)` innerhalb dieses `.then()` werfen, um den Fehler an deinen `.catch()`-Block weiterzuleiten und so eine konsistente Fehlerbehandlung für sowohl Netzwerk- als auch HTTP-Fehler sicherzustellen.

```
// *Robustes fetch-Muster mit async/await*
```

```
async function holeDaten(url) {
  try {
    const antwort = await fetch(url);

    if (!antwort.ok) {
      // *Behandle HTTP-Fehler (4xx/5xx)*
      throw new Error(`HTTP-Fehler: ${antwort.status} ${antwort.statusText}`);
    }

    const daten = await antwort.json(); // *Parse JSON-Body*
    return daten; // *Gib die erfolgreichen Daten zurück*

  } catch (fehler) {
    // *Fängt sowohl Netzwerkfehler (von fetch) als auch geworfene HTTP-Fehler
ab*
    console.error("holeDaten fehlgeschlagen:", fehler);
    // *Optional den Fehler erneut werfen, wenn der Aufrufer ihn kennen muss*
    throw fehler;
  }
}

// *Verwendung:*
holeDaten('https://jsonplaceholder.typicode.com/todos/1')
  .then(todo => console.log("TODO:", todo))
  .catch(err => console.error("Fehler beim Holen der TODO-Daten insgesamt."));

holeDaten('https://jsonplaceholder.typicode.com/todos/ungueltige-url') // *Wird
wahrscheinlich 404 verursachen*
  .then(todo => console.log("Ungültiges TODO:", todo))
  .catch(err => console.error("Fehler beim Holen der ungültigen TODO-Daten
insgesamt."));
```

Dieses async/await-Muster mit der expliziten response.ok-Prüfung ist eine sehr verbreitete und robuste Methode zur Handhabung von fetch-Anfragen.

Kapitelzusammenfassung

In diesem Kapitel haben wir untersucht, wie JavaScript-Anwendungen mithilfe von **APIs** mit Servern kommunizieren, wobei wir uns auf den gängigen **RESTful API**-Stil konzentriert haben, der URLs für Ressourcen und HTTP-Methoden (GET, POST, PUT, DELETE) für Aktionen verwendet. Wir haben gelernt, wie man Netzwerkanfragen vom Browser aus mit der modernen, Promise-basierten fetch-API stellt. Wir behandelten die Handhabung des von fetch zurückgegebenen Response-Objekts, die Überprüfung des Status mit response.ok und das asynchrone Lesen des Antwortkörpers mit Methoden wie `response.json()` und `response.text()`. Wir diskutierten **JSON** als Standarddatenformat für APIs und wie man es parst (`response.json()`) und erstellt (`JSON.stringify()`). Wir lernten, `fetch`-Anfragen mit Optionen wie `method`, `headers` (insbesondere `Content-Type`) und `body` zum Senden von Daten zu konfigurieren. Schließlich klärten wir die Nuancen der **Fehlerbehandlung** mit `fetch` und betonten die Notwendigkeit, `response.ok` manuell zu überprüfen, um HTTP-Fehler konsistent mit Netzwerkfehlern zu behandeln.

Du kannst nun deine Webanwendungen befähigen, dynamische Daten abzurufen, Benutzereingaben zu übermitteln und mit dem weiteren Web zu interagieren. Da wir uns dem Ende unserer Kernreise durch JavaScript nähern, wird das nächste Kapitel einige andere leistungsstarke und praktische Funktionen hervorheben, die in den letzten Jahren zur Sprache hinzugefügt wurden (oft als ES6 und darüber hinaus bezeichnet), die das Schreiben von JavaScript noch effizienter und ausdrucksstärker machen.

18

Moderne JavaScript-Funktionen (ES6+)

Du hast die Kernlandschaft von JavaScript durchreist, von Variablen und Schleifen über Funktionen, Objekte, asynchrone Operationen mit Promises bis hin zur Interaktion mit dem DOM. Du besitzt nun ein solides Verständnis davon, wie JavaScript funktioniert und wie man interaktive Webanwendungen erstellt. JavaScript ist jedoch keine statische Sprache; sie entwickelt sich ständig weiter. Seit 2015, gekennzeichnet durch das bedeutende ECMAScript 2015 (ES6)-Update, hat die Sprache zahlreiche Ergänzungen erfahren, die darauf abzielen, die Entwicklung effizienter, ausdrucksstärker und angenehmer zu gestalten. Dieses Kapitel wirft ein Schlaglicht auf einige der wirkungsvollsten modernen JavaScript-Funktionen, denen du begegnen wirst und die du in deinem täglichen Coding verwenden möchtest. Betrachte diese als leistungsstarke Upgrades für dein JavaScript-Toolkit.

Pfeilfunktionen (=> - Arrow Functions)

Eine der sichtbarsten und am häufigsten verwendeten Ergänzungen aus ES6 ist die Syntax der **Pfeilfunktionen (Arrow Functions)**. Sie bietet eine prägnantere Möglichkeit, Funktionsausdrücke zu schreiben.

Vergleiche einen traditionellen Funktionsausdruck (Kapitel 8) mit seinem Pfeilfunktions-Äquivalent:

```
// Traditioneller Funktionsausdruck
const multipliziereRegulaer = function(a, b) {
  return a * b;
};

// Pfeilfunktions-Äquivalent
const multiplizierePfeil = (a, b) => {
  return a * b;
};

console.log(multipliziereRegulaer(5, 6)); // *Ausgabe: 30*
console.log(multiplizierePfeil(5, 6));    // *Ausgabe: 30*
```

Wichtige Syntaxvarianten und Merkmale:

- **Prägnanz:** Ersetzt das `function`-Schlüsselwort durch einen "fetten Pfeil" (=>), der die Parameter vom Funktionskörper trennt.

- **Implizite Rückgabe (Implicit Return):** Wenn der Funktionskörper nur aus einem *einzigen Ausdruck* besteht, kannst du die geschweiften Klammern {} und das `return`-Schlüsselwort weglassen. Das Ergebnis des Ausdrucks wird automatisch zurückgegeben.

  ```
  // Pfeilfunktion mit impliziter Rückgabe
  const addiere = (a, b) => a + b;
  console.log(addiere(10, 5)); // *Ausgabe: 15*

  const verdopple = zahl => zahl * 2; // *Klammern optional bei einzelnem
  Parameter*
  console.log(verdopple(7)); // *Ausgabe: 14*
  ```

- **Einzelner Parameter:** Wenn genau ein Parameter vorhanden ist, sind die runden Klammern () darum optional (wie oben bei `verdopple` zu sehen). Bei null oder mehreren Parametern sind Klammern erforderlich.

  ```
  const protokolliereNachricht = () => console.log("Keine Parameter
  hier!");
  protokolliereNachricht(); // *Ausgabe: Keine Parameter hier!*
  ```

- **Lexikalische** this-Bindung: Dies ist wohl der **bedeutendste Unterschied** neben der Syntax. Pfeilfunktionen haben **keinen eigenen** this-Kontext. Stattdessen *erben* sie den this-Wert von ihrem umgebenden (lexikalischen) Scope – dem Kontext, in dem die Pfeilfunktion *definiert* wurde. Dieses Verhalten steht im krassen Gegensatz zu regulären Funktionen, deren this-Wert davon abhängt, *wie sie aufgerufen werden* (wie kurz in Kapitel 7 angesprochen und in Scope-Diskussionen weiter vertieft).

Illustrieren wir dies mit einer Objektmethode und setTimeout (ein häufiges Szenario, bei dem die this-Bindung Probleme mit regulären Funktionen verursacht):

```
const zaehler = {
  stand: 0,
  verzoegerung: 1000,

  // *Methode mit regulärer Funktion innerhalb von setTimeout*
  starteRegulaer: function() {
    console.log(`starteRegulaer: Initialer Stand ist ${this.stand}`); //
*'this' ist 'zaehler'*
    setTimeout(function() {
      // *Innerhalb dieses regulären Funktions-Callbacks ist 'this'
NICHT 'zaehler'.*
      // *Es ist oft 'window' (in Browsern) oder undefined (strikter
Modus).*
      console.log(`setTimeout (regulär): this.stand = $
{this.stand}`); // *Wahrscheinlich undefined oder Fehler*
      // this.stand++; // *Dies würde fehlschlagen oder das falsche
Objekt ändern*
    }, this.verzoegerung);
  },

  // *Methode mit Pfeilfunktion innerhalb von setTimeout*
  startePfeil: function() {
    console.log(`startePfeil: Initialer Stand ist ${this.stand}`); //
*'this' ist 'zaehler'*
    setTimeout(() => {
      // *Pfeilfunktion erbt 'this' vom Scope von startePfeil*
      // *Also ist 'this' hier DAS 'zaehler'-Objekt.*
      console.log(`setTimeout (Pfeil): this.stand = ${this.stand}`); //
*Greift korrekt auf 0 zu*
      this.stand++; // *Dies inkrementiert korrekt zaehler.stand*
       console.log(`setTimeout (Pfeil): Stand erhöht auf $
{this.stand}`);
    }, this.verzoegerung);
  }
```

```
};

// zaehler.starteRegulaer();
// *Ausgabe könnte 'undefined' zeigen oder Fehler für this.stand im
Callback werfen*

zaehler.startePfeil();
// *Ausgabe:*
// startePfeil: Initialer Stand ist 0
// (nach 1 Sekunde)
// setTimeout (Pfeil): this.stand = 0
// setTimeout (Pfeil): Stand erhöht auf 1
```

Da Pfeilfunktionen this nicht neu binden, lösen sie viele häufige Probleme, die zuvor mit Techniken wie .bind(this) oder dem Speichern von this in einer anderen Variablen (const self = this;) angegangen wurden. Pfeilfunktionen sind oft die bevorzugte Wahl für Callbacks oder Methoden, bei denen du den umgebenden this-Kontext beibehalten musst.

Template-Literale (Backticks `` ` ``)

Erinnerst du dich an das mühsame Verketten von Strings und Variablen mit dem +-Operator in Kapitel 2?

```
let stadt = "London";
let land = "UK";
let bevoelkerung = 9;
// *Alter Weg:*
let beschreibungAlt = "Die Stadt " + stadt + ", gelegen im " + land +
                      ", hat eine Bevölkerung von über " + bevoelkerung + "
Millionen.";
console.log(beschreibungAlt);
```

ES6 führte **Template-Literale** (auch Template-Strings genannt) ein, die eine viel sauberere und lesbarere Möglichkeit bieten, Strings zu erstellen, insbesondere solche, die eingebettete Ausdrücke oder mehrere Zeilen enthalten. Du erstellst Template-Literale mit Backticks (`) anstelle von einfachen (') oder doppelten (") Anführungszeichen.

- **String-Interpolation**: Innerhalb eines Template-Literals kannst du jeden gültigen JavaScript-Ausdruck (wie Variablen, Funktionsaufrufe oder arithmetische Operationen) direkt in den String einbetten, indem du ihn in ${aus-druck} einschließt.

```
let stadt = "Tokio";
let land = "Japan";
let bevoelkerung = 37; // *in Millionen*

// *Verwendung von Template-Literalen:*
let beschreibungNeu =
  `Die Stadt ${stadt}, gelegen in ${land}, hat eine Bevölkerung von über
${bevoelkerung} Millionen.`;
console.log(beschreibungNeu);
// *Ausgabe: Die Stadt Tokio, gelegen in Japan, hat eine Bevölkerung von
über 37 Millionen.*

let preis = 10;
let steuersatz = 0.08;
let gesamtNachricht = `Gesamtkosten: ${ (preis * (1 +
steuersatz)).toFixed(2) } €`;
console.log(gesamtNachricht); // *Ausgabe: Gesamtkosten: 10.80 €*
```

Diese Interpolation macht das Erstellen dynamischer Strings wesentlich intuitiver als wiederholtes Verketten.

- **Mehrzeilige Strings:** Template-Literale respektieren Zeilenumbrüche innerhalb der Backticks, sodass du mehrzeilige Strings einfach erstellen kannst, ohne spezielle Zeichen wie \n zu benötigen.

```
// *Alter Weg für mehrzeilige Strings:*
let mehrzeiligAlt = "Dies ist die erste Zeile.\n" +
                    "Dies ist die zweite Zeile.";

// *Verwendung von Template-Literalen:*
let mehrzeiligNeu = `Dies ist die erste Zeile.
```

Dies ist die zweite Zeile. Einrückung wird ebenfalls beibehalten.`;

```
console.log(mehrzeiligNeu);
/* Ausgabe:
Dies ist die erste Zeile.
Dies ist die zweite Zeile.
    Einrückung wird ebenfalls beibehalten.
*/
```
```
```

Template-Literale verbessern die Handhabung von Strings in JavaScript erheblich.

Destrukturierende Zuweisung (Arrays und Objekte)

Destrukturierung ist eine praktische Syntax zum Extrahieren von Werten aus Arrays oder Eigenschaften aus Objekten und deren direkter Zuweisung an einzelne Variablen. Sie macht den Zugriff auf verschachtelte Daten wesentlich sauberer.

Array-Destrukturierung

Du kannst Werte aus einem Array mithilfe einer Syntax entpacken, die die Erstellung von Array-Literalen widerspiegelt.

```
const koordinaten = [10, 25, 50]; // *x, y, z Koordinaten*

// *Alter Weg:*
// const x = koordinaten[0];
// const y = koordinaten[1];
// const z = koordinaten[2];

// *Verwendung von Array-Destrukturierung:*
const [x, y, z] = koordinaten;

console.log(`x: ${x}, y: ${y}, z: ${z}`); // *Ausgabe: x: 10, y: 25, z: 50*

// *Elemente mit Kommas überspringen:*
const rgbFarbe = [255, 128, 0];
const [rot, , blau] = rgbFarbe; // *Überspringe das mittlere (grüne) Element*
console.log(`Rot: ${rot}, Blau: ${blau}`); // *Ausgabe: Rot: 255, Blau: 0*

// *Verwendung des Rest-Operators (...) zum Sammeln verbleibender Elemente:*
const punktzahlen = [95, 88, 76, 92, 81];
const [erstePunktzahl, zweitePunktzahl, ...restlichePunktzahlen] = punktzahlen;
console.log(`Erste: ${erstePunktzahl}, Zweite: ${zweitePunktzahl}`); //
*Ausgabe: Erste: 95, Zweite: 88*
console.log(`Restliche: ${restlichePunktzahlen}`); // *Ausgabe: Restliche:
76,92,81*
// *restlichePunktzahlen ist ein neues Array: [ 76, 92, 81 ]*

// *Standardwerte für fehlende Elemente:*
const einstellungen = ["dunkel"];
const [thema = "hell", schriftgroesse = 12] = einstellungen;
```

```
console.log(`Thema: ${thema}, Schriftgröße: ${schriftgroesse}`); // *Ausgabe:
Thema: dunkel, Schriftgröße: 12*
```

Objekt-Destrukturierung

Ähnlich kannst du Eigenschaften aus Objekten mithilfe einer Syntax entpacken, die die Erstellung von Objekt-Literalen widerspiegelt. Die Variablennamen müssen standardmäßig mit den Objektschlüsseln übereinstimmen.

```
const benutzer = {
  id: 42,
  anzeigeName: "Alice",
  email: "alice@example.com",
  kontoTyp: "premium"
};

// *Alter Weg:*
// const id = benutzer.id;
// const name = benutzer.anzeigeName;
// const benutzerEmail = benutzer.email;

// *Verwendung von Objekt-Destrukturierung:*
const { id, anzeigeName, email } = benutzer; // *Variablennamen entsprechen
Schlüsseln*

console.log(`ID: ${id}, Name: ${anzeigeName}, Email: ${email}`);
// *Ausgabe: ID: 42, Name: Alice, Email: alice@example.com*

// *Variablen umbenennen:* Verwende 'schluessel: neuerName'-Syntax
const { kontoTyp: typ, anzeigeName: name } = benutzer;
console.log(`Benutzername: ${name}, Kontotyp: ${typ}`);
// *Ausgabe: Benutzername: Alice, Kontotyp: premium*

// *Standardwerte für fehlende Eigenschaften:*
const config = { timeout: 5000 };
const { timeout = 1000, wiederholungen = 3 } = config;
console.log(`Timeout: ${timeout}, Wiederholungen: ${wiederholungen}`);
// *Ausgabe: Timeout: 5000, Wiederholungen: 3*

// *Destrukturierung verschachtelter Objekte:*
const produkt = {
  pid: 'P123',
  details: { titel: 'Laptop', preis: 1200 }
};
const { pid, details: { titel, preis } } = produkt;
```

```
console.log(`Produkt-ID: ${pid}, Titel: ${titel}, Preis: ${preis}`);
// *Ausgabe: Produkt-ID: P123, Titel: Laptop, Preis: 1200*
```

Anwendungsfall: Funktionsparameter

Destrukturierung ist besonders nützlich für die Handhabung von Options-Objekten, die als Argumente an Funktionen übergeben werden.

```
// *Funktion erwartet ein Objekt mit 'url' und optional 'methode', 'body'*
function macheAnfrage({ url, methode = 'GET', body = null }) {
  console.log(`Mache ${methode}-Anfrage an ${url}`);
  if (body) {
    console.log(`Mit Body: ${JSON.stringify(body)}`);
  }
  // ... fetch-Logik ...
}


// *Rufe die Funktion mit einem Objekt auf - Eigenschaften werden
destrukturiert*
macheAnfrage({ url: '/api/benutzer' });
// *Ausgabe: Mache GET-Anfrage an /api/benutzer*

macheAnfrage({
  url: '/api/beitraege',
  methode: 'POST',
  body: { titel: 'Neuer Beitrag' }
});
// *Ausgabe:*
// Mache POST-Anfrage an /api/beitraege
// Mit Body: {"titel":"Neuer Beitrag"}
```

Dies macht Funktionssignaturen sauberer und verdeutlicht erwartete Objekteigenschaften.

Spread (...) und Rest (...) Operatoren

Die Drei-Punkte-Syntax (...) dient zwei verwandten, aber unterschiedlichen Zwecken, abhängig vom Kontext: **Rest-Parameter** und **Spread-Syntax**.

Rest-Parameter

Wenn ... als *letzter* Parameter in einer Funktionsdefinition verwendet wird, sammelt es alle verbleibenden an die Funktion übergebenen Argumente in einem echten **Array**. Dies bietet eine moderne Alternative zum älteren, Array-ähnlichen arguments-Objekt.

```
// *Verwendung von Rest-Parametern zur Summierung von Zahlen*
function summiereAlle(...zahlen) {
  // 'zahlen' ist ein echtes Array, das alle übergebenen Argumente enthält
  console.log("Empfangene Argumente:", zahlen);
  let gesamt = 0;
  for (const zahl of zahlen) { // *Kann Array-Methoden wie for...of verwenden*
    gesamt += zahl;
  }
  return gesamt;
}

console.log(summiereAlle(1, 2, 3));
// *Ausgabe: Empfangene Argumente: [ 1, 2, 3 ]*
// *Ausgabe: 6*

console.log(summiereAlle(10, 20, 30, 40, 50));
// *Ausgabe: Empfangene Argumente: [ 10, 20, 30, 40, 50 ]*
// *Ausgabe: 150*

console.log(summiereAlle());
// *Ausgabe: Empfangene Argumente: []*
// *Ausgabe: 0*
```

Rest-Parameter sind klarer und liefern ein echtes Array, was die Handhabung von Argumenten einfacher macht als das veraltete arguments-Objekt.

Spread-Syntax

Wenn ... *außerhalb* von Funktionsparameterdefinitionen verwendet wird, fungiert es als **Spread-Syntax**. Es *erweitert* ein Iterable (wie ein Array oder einen String) oder Objekteigenschaften in einzelne Elemente oder Schlüssel-Wert-Paare.

1. Spread in Funktionsaufrufen: Erweitert ein Array zu einzelnen Argumenten.

```
const zahlen = [1, 5, 2];
// *Entspricht Math.max(1, 5, 2)*
const maxWert = Math.max(...zahlen);
```

```
console.log(`Maximaler Wert: ${maxWert}`); // *Ausgabe: Maximaler Wert: 5*
```

2. Spread in Array-Literalen: Erstellt neue Arrays durch Kombination vorhandener Arrays oder Hinzufügen von Elementen.

```
const arr1 = ['a', 'b'];
const arr2 = ['c', 'd'];

// *Arrays kombinieren:*
const kombiniert = [...arr1, ...arr2, 'e'];
console.log(kombiniert); // *Ausgabe: [ 'a', 'b', 'c', 'd', 'e' ]*

// *Eine flache Kopie erstellen:*
const arr1Kopie = [...arr1];
console.log(arr1Kopie); // *Ausgabe: [ 'a', 'b' ]*
console.log(arr1Kopie === arr1); // *Ausgabe: false (es ist ein neues Array)*
```

3. Spread in Objekt-Literalen: Erstellt neue Objekte durch Kopieren von Eigenschaften aus vorhandenen Objekten (flache Kopie) oder Zusammenführen von Objekten. Später aufgeführte Eigenschaften überschreiben frühere mit demselben Schlüssel.

```
const standardeinstellungen = { thema: 'hell', schriftgroesse: 12 };
const benutzerEinstellungen = { thema: 'dunkel', zeigeWerkzeugleiste: true };

// *Objekte zusammenführen (benutzerEinstellungen überschreibt
standardeinstellungen.thema)*
const endgueltigeEinstellungen =
{ ...standardeinstellungen, ...benutzerEinstellungen, schriftgroesse: 14 };

console.log(endgueltigeEinstellungen);
// *Ausgabe: { thema: 'dunkel', schriftgroesse: 14, zeigeWerkzeugleiste: true }*

// *Eine flache Kopie erstellen:*
const standardeinstellungenKopie = { ...standardeinstellungen };
console.log(standeinstellungenKopie); // *Ausgabe: { thema: 'hell',
schriftgroesse: 12 }*
console.log(standeinstellungenKopie === standardeinstellungen); // *Ausgabe:
false (neues Objekt)*
```

Die Spread-Syntax ist unglaublich vielseitig für die nicht-destruktive Arbeit mit Arrays und Objekten (Erstellen neuer statt Ändern der Originale).

Verbesserte Objektliterale

ES6 führte mehrere Kurzschreibweisen für die Definition von Objektliteralen ein, die sie prägnanter machen.

- **Kurzschreibweise für Eigenschaftsnamen:** Wenn der Variablenname, der den Wert enthält, derselbe ist wie der gewünschte Objektschlüssel, kannst du den Doppelpunkt und den Wert weglassen.

```
let name = "Widget";
let preis = 99.99;

// *Alter Weg:*
// const artikelAlt = { name: name, preis: preis };

// *Kurzschreibweise für Eigenschaftsnamen:*
const artikelNeu = { name, preis };
console.log(artikelNeu); // *Ausgabe: { name: 'Widget', preis: 99.99 }*
```

- **Kurzschreibweise für Methodennamen:** Du kannst das function-Schlüssel-wort und den Doppelpunkt weglassen, wenn du Methoden innerhalb eines Objektliterals definierst.

```
// *Alter Weg:*
// const rechnerAlt = {
//   addiere: function(a, b) { return a + b; },
//   subtrahiere: function(a, b) { return a - b; }
// };

// *Kurzschreibweise für Methodennamen:*
const rechnerNeu = {
  addiere(a, b) { return a + b; },
  subtrahiere(a, b) { return a - b; }
};
console.log(rechnerNeu.addiere(10, 5)); // *Ausgabe: 15*
```

- **Berechnete Eigenschaftsnamen:** Ermöglicht die Verwendung eines Aus-drucks (der zu einem String ausgewertet wird) als Eigenschaftsschlüssel direkt innerhalb des Objektliterals unter Verwendung von eckigen Klammern [].

```
let propPraefix = "benutzer";
let zaehler = 1;
```

```
const dynamischesObjekt = {
  id: 123,
  [propPraefix + "Id"]: "usr_abc", // *Schlüssel wird "benutzerId"*
  ["rolle" + zaehler]: "admin"     // *Schlüssel wird "rolle1"*
};
console.log(dynamischesObjekt);
// *Ausgabe: { id: 123, benutzerId: 'usr_abc', rolle1: 'admin' }*
```

Diese Verbesserungen machen Objektliteraldefinitionen weniger ausführlich und flexibler.

Einführung in Klassen

Während das Vererbungsmodell von JavaScript grundlegend auf Prototypen basiert (ein fortgeschritteneres Thema), führte ES6 die `class`-Syntax als **syntaktischen Zucker** über diese bestehende prototypbasierte Vererbung ein. Klassen bieten eine sauberere, vertrautere Syntax (insbesondere für Entwickler aus klassenbasierten Sprachen wie Java oder C++) zur Erstellung von Objektbauplänen und zur Verwaltung der Vererbung.

Eine grundlegende Klassendefinition umfasst:

- `class`-**Schlüsselwort**: Gefolgt vom Klassennamen (typischerweise PascalCase, z. B. `MeineKlasse`).
- `constructor()`-**Methode**: Eine spezielle Methode zur Erstellung und Initialisierung von Objekten, die mit der Klasse erstellt werden. Sie wird automatisch aufgerufen, wenn du das `new`-Schlüsselwort verwendest.
- **Andere Methoden**: Definieren die Verhaltensweisen, die mit Objekten verbunden sind, die aus der Klasse erstellt wurden.

```
class Produkt {
  // *Konstruktor: Initialisiert neue Produkt-Objekte*
  constructor(id, name, preis) {
    console.log(`Erstelle Produkt ${id}...`);
    this.id = id; // *'this' bezieht sich auf das neue Objekt, das erstellt
wird*
    this.name = name;
    this.preis = preis;
    this.lagerbestand = 0; // *Standardwert*
  }

  // *Methode zur Anzeige von Produktinformationen*
```

```
  zeigeInfo() {
    console.log(`Produkt: ${this.name} (ID: ${this.id}), Preis: ${this.preis} €,
Lagerbestand: ${this.lagerbestand}`);
  }

  // *Methode zum Hinzufügen von Lagerbestand*
  fuegeLagerbestandHinzu(menge) {
    if (menge > 0) {
      this.lagerbestand += menge;
      console.log(`${menge} Lagerbestand für ${this.name} hinzugefügt. Neuer
Bestand: ${this.lagerbestand}`);
    }
  }
}

// *Erstelle Instanzen (Objekte) der Produkt-Klasse mit 'new'*
const laptop = new Produkt('P001', 'Laptop Pro', 1500);
const tastatur = new Produkt('P002', 'Mechanische Tastatur', 150);

// *Rufe Methoden auf den Instanzen auf*
laptop.fuegeLagerbestandHinzu(10);
tastatur.fuegeLagerbestandHinzu(25);

laptop.zeigeInfo();
tastatur.zeigeInfo();

// *Ausgabe:*
// Erstelle Produkt P001...
// Erstelle Produkt P002...
// 10 Lagerbestand für Laptop Pro hinzugefügt. Neuer Bestand: 10
// 25 Lagerbestand für Mechanische Tastatur hinzugefügt. Neuer Bestand: 25
// Produkt: Laptop Pro (ID: P001), Preis: 1500 €, Lagerbestand: 10
// Produkt: Mechanische Tastatur (ID: P002), Preis: 150 €, Lagerbestand: 25
```

Klassen unterstützen auch Vererbung mithilfe der Schlüsselwörter extends und super(), sodass du spezialisierte Klassen basierend auf allgemeineren erstellen kannst, aber das ist ein Thema für fortgeschrittenere Studien. Verstehe vorerst, dass die class-Syntax eine strukturierte Methode zur Definition von Blaupausen für Objekte bietet, die ihre Daten (im Konstruktor gesetzte Eigenschaften) und ihr Verhalten (Methoden) kapselt.

Kapitelzusammenfassung

Dieses Kapitel hob mehrere leistungsstarke und praktische Funktionen hervor, die im modernen JavaScript (ES6 und später) eingeführt wurden und das Entwicklungserlebnis erheblich verbessern. Wir untersuchten **Pfeilfunktionen** (=>) wegen ihrer prägnanten Syntax und der entscheidenden lexikalischen this-Bindung. Wir lernten Template-Literale (`)** für einfachere String-Interpolation und mehrzeilige Strings kennen. Die **destrukturierende Zuweisung** für Arrays und Objekte wurde als sauberer Weg zum Extrahieren von Werten in Variablen vorgestellt. Die vielseitige ...-Syntax wurde in ihren Doppelrollen als **Rest-Parameter** (Sammeln von Funktionsargumenten) und **Spread-Syntax** (Erweitern von Iterables und Objekteigenschaften) erklärt. Wir behandelten auch **verbesserte Objektliteral**-Kurzschreibweisen für Eigenschaften und Methoden und bekamen schließlich eine Einführung in die **class-Syntax** als sauberere Methode zur Definition von Objektbauplänen.

Diese modernen Funktionen machen JavaScript-Code lesbarer, weniger ausführlich und oft weniger anfällig für bestimmte Arten von Fehlern. Während du deine JavaScript-Reise fortsetzt, wird die Übernahme dieser Funktionen deinen Code effizienter machen und ihn an zeitgenössische Entwicklungspraktiken anpassen. Obwohl wir die Kernsprache und viele moderne Verbesserungen behandelt haben, ist das JavaScript-Ökosystem riesig. Im nächsten Kapitel werden wir kurz die Rolle von **Bibliotheken und Frameworks** wie React, Angular und Vue diskutieren, die auf Kern-JavaScript aufbauen, um spezialisierte Werkzeuge und Strukturen für den Bau komplexer Benutzeroberflächen und Anwendungen bereitzustellen.

19

Bibliotheken und Frameworks

Herzlichen Glückwunsch! Du hast die wesentliche Landschaft des modernen JavaScript durchreist. Du hast gelernt, mit Variablen zu arbeiten, den Programmfluss mit Bedingungen und Schleifen zu steuern, Daten mit Arrays und Objekten zu organisieren, wiederverwendbaren Code mit Funktionen zu schreiben, asynchrone Operationen wie Datenabruf zu verwalten, über das DOM mit Webseiten zu interagieren, Code mit Modulen zu organisieren und sogar Fehler elegant zu behandeln. Mit dem Wissen aus den Kapiteln 1 bis 18 verfügst du absolut über die grundlegenden Fähigkeiten, die erforderlich sind, um interaktive Websites und Webanwendungen von Grund auf zu erstellen.

Wenn du jedoch anfängst, komplexere Projekte zu bauen, wirst du möglicherweise wiederkehrende Muster oder Herausforderungen bemerken. Aufgaben wie die Verwaltung des Zustands von Benutzeroberflächenkomponenten, die Handhabung des Routings zwischen verschiedenen "Seiten" in einer Single-Page-Anwendung oder die effiziente Aktualisierung des DOM als Reaktion auf Datenänderungen können das Schreiben einer erheblichen Menge an kompliziertem Code erfordern. Obwohl du alles nur mit den Kernfunktionen von JavaScript erstellen *kannst*, die wir besprochen haben, hat die Entwicklergemeinschaft leistungsstarke Werkzeuge – Bibliotheken und Frameworks – geschaffen, um diese gängigen Aufgaben zu rationalisieren, eine bessere Codeorganisation zu fördern und den Entwicklungsprozess zu beschleunigen.

Stell es dir wie den Bau eines Hauses vor: Du könntest alles nur mit einfachen Handwerkzeugen (Kern-JavaScript) bauen, aber die Verwendung von Elektrowerkzeugen oder vorgefertigten Komponenten (Bibliotheken und Frameworks) kann die Arbeit viel schneller machen und führt oft zu einer robusteren Struktur. Dieses Kapitel gibt einen Einblick in dieses "größere Bild" und stellt dir die Konzepte von Bibliotheken und Frameworks vor.

Was sind Bibliotheken und Frameworks?

Obwohl oft zusammen erwähnt, repräsentieren Bibliotheken und Frameworks unterschiedliche Ansätze zur Nutzung wiederverwendbaren Codes.

Bibliotheken (Libraries)

Eine **Bibliothek** ist im Wesentlichen eine Sammlung von vorgefertigtem Code (Funktionen, Klassen, Objekte), die dazu dient, spezifische Aufgaben auszuführen. Du, der Entwickler, hast die Kontrolle. Du entscheidest, *wann* und *wo* du Funktionen aufrufst oder Komponenten verwendest, die von der Bibliothek bereitgestellt werden, um ein bestimmtes Ergebnis zu erzielen.

Stell dir einen spezialisierten Werkzeugkasten vor. Wenn du eine Schraube anziehen musst, greifst du in den Werkzeugkasten, wählst einen Schraubenschlüssel (die Bibliotheksfunktion) und wendest ihn auf die Schraube an (deine Daten oder Aufgabe). Du wählst das Werkzeug für die Aufgabe.

Beispiele für Aufgaben, bei denen Bibliotheken helfen könnten:

- Komplexe HTTP-Anfragen stellen (obwohl `fetch` jetzt ziemlich leistungsfähig ist).
- Daten und Zeiten manipulieren (wie die beliebten `date-fns` oder das ältere `Moment.js`).
- Animationen oder visuelle Effekte hinzufügen.
- Interaktive Diagramme oder Grafiken erstellen.
- Bestimmte DOM-Manipulationen vereinfachen (wie das klassische `jQuery`, obwohl heute mit modernen DOM-APIs weniger wichtig).

Du integrierst den Bibliothekscode in dein Projekt und rufst bei Bedarf seine spezifischen Funktionen auf, um bestimmte Probleme innerhalb des Ablaufs deiner Anwendung zu lösen.

Frameworks

Ein **Framework** hingegen bietet eine umfassendere Struktur oder ein Gerüst für deine Anwendung. Es diktiert oft, wie deine Anwendung organisiert sein sollte, und definiert den gesamten Ausführungsfluss. Anstatt dass du den Code der Bibliothek aufrufst, wann immer du willst, ruft das Framework typischerweise *deinen* Code an bestimmten Punkten innerhalb seines Lebenszyklus auf. Dieses Konzept ist bekannt als **Inversion of Control (IoC)** – das Framework ist für den Fluss verantwortlich, und du fügst deine benutzerdefinierte Logik an vorgesehenen Stellen ein.

Stell dir ein Framework wie einen detaillierten Hausbauplan oder sogar einen vorgefertigten Hausrahmen vor. Die Gesamtstruktur ist bereits definiert. Du entscheidest nicht, wo die tragenden Hauptwände verlaufen; du konzentrierst dich darauf, die Details auszufüllen – die Wände streichen, die Armaturen installieren, Möbel hinzufügen (deine spezifische Anwendungslogik und Komponenten schreiben) – gemäß der etablierten Struktur. Der Bauplan (Framework) diktiert, wo deine Beiträge hineinpassen.

Frameworks bieten oft Lösungen für breitere Aspekte der Anwendungsentwicklung, wie z. B.:

- **Komponentenmodell:** Definition wiederverwendbarer UI-Teile.
- **Routing:** Verwaltung der Navigation zwischen verschiedenen Ansichten oder Seiten innerhalb der Anwendung.
- **Zustandsverwaltung (State Management):** Handhabung und Synchronisierung von Anwendungsdaten.
- **Datenbindung (Data Binding):** Automatisches Aktualisieren der UI, wenn sich Daten ändern (und umgekehrt).

Der Hauptunterschied: **Du rufst Bibliotheksfunktionen auf; ein Framework ruft deinen Code auf.** Frameworks sind im Allgemeinen meinungsstärker darüber, wie du deine Anwendung erstellen solltest, und bieten ein komplettes System, während Bibliotheken spezifische Werkzeuge zur beliebigen Verwendung anbieten.

Warum sie verwenden?

Die Verwendung von Bibliotheken und insbesondere Frameworks bietet erhebliche Vorteile, insbesondere für größere oder komplexere Anwendungen:

- **Effizienz und Geschwindigkeit:** Dies ist ein Hauptantrieb. Sie bieten vorgefertigte Lösungen für häufige Probleme und sparen dir unzählige Stunden

Entwicklungszeit im Vergleich zum Schreiben von allem von Grund auf. Du musst Routing, komplexes State Management oder optimierte DOM-Updates nicht neu erfinden.

- **Struktur und Organisation:** Frameworks erzwingen eine bestimmte Art der Organisation von Dateien und Code. Diese Standardisierung erleichtert das Verständnis, die Navigation und die Wartung von Projekten, insbesondere bei der Arbeit im Team. Jeder weiß, wo verschiedene Teile der Anwendungslogik zu finden sind.
- **Best Practices und Optimierung:** Beliebte Bibliotheken und Frameworks werden oft von erfahrenen Ingenieuren entwickelt und gewartet. Sie beinhalten typischerweise optimierte Algorithmen, Performance-Muster (wie Virtual DOM Diffing für effiziente UI-Updates), Barrierefreiheitsaspekte und Sicherheitsbest Practices, die möglicherweise schwierig oder zeitaufwändig selbst korrekt zu implementieren wären.
- **Abstraktion:** Sie verbergen oft komplexe untergeordnete Details. Anstatt beispielsweise DOM-Elemente manuell zu manipulieren (Kapitel 10), um eine Liste bei Datenänderungen zu aktualisieren, ermöglicht es dir ein Framework möglicherweise, einfach das zugrunde liegende Datenarray zu aktualisieren, und es übernimmt die notwendigen DOM-Updates automatisch durch Datenbindung.
- **Community und Ökosystem:** Weit verbreitete Bibliotheken und Frameworks haben riesige Communities. Dies führt zu einer Fülle von Tutorials, Artikeln, Kursen, vorgefertigten Drittanbieter-Komponenten, Erweiterungen, dedizierten Entwicklerwerkzeugen und Foren, in denen du Hilfe findest, wenn du nicht weiterkommst.

Obwohl jede Bibliothek oder jedes Framework eine Lernkurve hat, überwiegen die langfristigen Vorteile in Bezug auf Produktivität und Wartbarkeit bei nicht-trivialen Projekten oft die anfängliche Investition.

Beliebte Frontend-Beispiele

Die Frontend-Landschaft (Erstellung von Benutzeroberflächen für Webbrowser) ist der Bereich, in dem du am häufigsten auf JavaScript-Bibliotheken und -Frameworks stoßen wirst. Ihr Hauptziel ist es, die Erstellung komplexer, interaktiver und datengesteuerter UIs zu vereinfachen. Hier sind einige der beliebtesten Akteure (zum Zeitpunkt des Schreibens – dieses Feld entwickelt sich weiter!):

- **React:** Entwickelt und gewartet von Meta (Facebook). Technisch gesehen ist React selbst eine *Bibliothek*, die sich auf die Erstellung von Benutzeroberflächen mithilfe eines **komponentenbasierten** Ansatzes konzentriert. Du erstellst wiederverwendbare UI-Komponenten (wie Buttons, Formulare, Karten) und setzt sie zusammen, um komplexe Schnittstellen zu bauen. Es verwendet JSX, eine HTML-ähnliche Syntaxerweiterung für JavaScript, um die Komponentenstruktur zu definieren. Obwohl React eine Bibliothek ist, bildet es den Kern eines riesigen Ökosystems von Werkzeugen und Begleitbibliotheken (für Routing, State Management wie Redux oder Zustand), die zusammen sehr ähnlich wie ein Framework funktionieren. Es ist bekannt für seine Leistung (durch Verwendung eines Virtual DOM) und Flexibilität.

- **Angular:** Entwickelt und gewartet von Google. Angular ist ein umfassendes **Framework**, das eine meinungsstarke End-to-End-Lösung für den Bau großer Anwendungen bietet. Es verwendet TypeScript (ein Superset von JavaScript, das statische Typisierung hinzufügt) und enthält integrierte Lösungen für Komponentenverwaltung, Routing, State Management, HTTP-Anfragen, Formularbehandlung und mehr. Seine Struktur ist gut definiert, was es für große Teams und Unternehmensanwendungen geeignet macht.
- **Vue.js:** Wird oft als **progressives Framework** beschrieben. Das bedeutet, dass du es schrittweise übernehmen kannst – verwende es als einfache Bibliothek für bestimmte Teile einer Seite oder nutze seine vollen Fähigkeiten zum Erstellen komplexer Single-Page-Anwendungen. Vue ist bekannt für seine sanfte Lernkurve, exzellente Dokumentation und Leistung. Es bietet Funktionen wie ein Komponentensystem, Routing und State Management (Pinia/ Vuex).
- **Svelte:** Verfolgt einen anderen Ansatz. Anstatt zur Laufzeit signifikante Arbeit im Browser zu leisten (wie die Verwaltung eines Virtual DOM), ist Svelte ein **Compiler**. Es kompiliert deinen Komponentencode während des Build-Prozesses in hochoptimierten, kleinen, imperativen Vanilla-JavaScript-Code. Dies kann zu sehr schnellen Anwendungen mit minimalem Framework-Overhead im Browser führen.

Welches solltest du lernen? Es gibt keine einzig richtige Antwort. Es hängt von den Projektanforderungen, Teampräferenzen und den Anforderungen des Arbeitsmarktes in deiner Region ab. Die wichtigste Erkenntnis ist, dass **die Beherrschung von Kern-JavaScript (alles, was in diesem Buch behandelt wird) die wesentliche Voraussetzung ist, um** *jedes* **dieser Werkzeuge effektiv zu lernen und zu verwenden.** Sie alle basieren grundlegend auf den JavaScript-Konzepten, die du jetzt kennst.

Ein Blick auf die Serverseite

Wie wir bereits in Kapitel 1 erwähnt haben, ist JavaScript nicht auf den Browser beschränkt. Dank der **Node.js**-Laufzeitumgebung kannst du JavaScript-Code direkt auf Servern oder deinem lokalen Rechner ausführen.

Node.js ermöglicht Entwicklern:

- **Webserver** und **APIs** zu bauen (wie die REST-APIs, deren Konsumierung wir in Kapitel 17 gelernt haben). Du kannst die Backend-Logik erstellen, die Anfragen bearbeitet, mit Datenbanken interagiert und Antworten an den Client (Browser oder mobile App) zurücksendet.
- Kommandozeilenwerkzeuge zu erstellen.
- Echtzeitanwendungen (wie Chat-Apps) mithilfe von Technologien wie Web-Sockets zu entwickeln.
- Build-Prozesse und Entwicklungsaufgaben zu automatisieren (oft stark in Frontend-Entwicklungs-Workflows verwendet, auch wenn der endgültige Code im Browser läuft).

Genau wie das Frontend hat auch das Node.js-Ökosystem seine eigenen populären Frameworks, die darauf ausgelegt sind, die serverseitige Entwicklung zu vereinfachen, wie z. B.:

- **Express.js:** Ein minimalistisches und flexibles Webanwendungs-Framework, sehr weit verbreitet.
- **Koa.js:** Vom Team hinter Express erstellt, mit dem Ziel eines moderneren Ansatzes unter Verwendung von async/await-Funktionen.
- **NestJS:** Ein meinungsstärkeres Framework (mit TypeScript) zum Erstellen effizienter und skalierbarer serverseitiger Anwendungen, oft inspiriert von der Struktur von Angular.

Die Fähigkeit, JavaScript sowohl im Frontend (Browser) als auch im Backend (Server über Node.js) zu verwenden, ist bekannt als **Full-Stack JavaScript-Entwicklung**, die es Entwicklern oder Teams ermöglicht, mit einer einzigen Sprache über den gesamten Anwendungsstack hinweg zu arbeiten.

Dies ist erst der Anfang

Bibliotheken und Frameworks sind mächtige Werkzeuge, die auf dem soliden Fundament von JavaScript aufbauen, das du in diesem Buch errichtet hast. Sie repräsentieren unterschiedliche Philosophien und bieten verschiedene Ebenen an Struktur und Unterstützung für den Bau von Anwendungen. Die Entscheidung, welche du lernen und verwenden möchtest, hängt von deinen spezifischen Zielen und Projekten ab.

Fühle dich nicht unter Druck gesetzt, sie alle auf einmal zu lernen. Der wichtigste Schritt, den du bereits getan hast, ist das Erlernen von JavaScript selbst. Dieses Wissen ist übertragbar und bildet das Fundament, auf dem all diese spezialisierten Werkzeuge aufgebaut sind. Das grundlegende Verständnis, wie JavaScript funktioniert, wird das Erlernen jeder Bibliothek oder jedes Frameworks erheblich erleichtern.

Kapitelzusammenfassung

In diesem Kapitel blickten wir über Kern-JavaScript hinaus auf das breitere Ökosystem von Werkzeugen, die darauf ausgelegt sind, die Entwicklung effizienter und skalierbarer zu machen. Wir klärten die Unterscheidung zwischen **Bibliotheken** (Werkzeugkästen, die du aufrufst) und **Frameworks** (Baupläne, die deinen Code aufrufen) und hoben das Konzept der Inversion of Control in Frameworks hervor. Wir diskutierten die Hauptvorteile der Verwendung dieser Werkzeuge, einschließlich verbesserter Effizienz, Struktur, Einhaltung von Best Practices und Nutzung der Community-Unterstützung. Wir stellten kurz einige der beliebtesten **Frontend**-Optionen wie **React**, **Angular** und **Vue** vor und betonten ihre Rolle bei der Erstellung von Benutzeroberflächen. Wir wiederholten auch **Node.js** als Plattform, die JavaScript auf der **Serverseite** ermöglicht und Full-Stack-Entwicklung erlaubt. Wir betonten, dass die Beherrschung von Kern-JavaScript die wesentliche Grundlage ist, bevor man sich tief in eine spezifische Bibliothek oder ein Framework vertieft.

Du hast nun die Kernsprache gesehen, wie sie mit dem Browser interagiert, wie sie asynchrone Aufgaben handhabt, wie man sie organisiert und die Landschaft der darauf aufbauenden Werkzeuge kennengelernt. Du hast eine umfassende Karte der JavaScript-Welt. Der letzte Schritt auf dieser anfänglichen Reise besteht darin, dein Verständnis zu festigen und durch Übung Vertrauen zu gewinnen. Im nächsten und letzten Kapitel werden wir praktische nächste Schritte besprechen, Projektideen vorschlagen, dich auf wertvolle Ressourcen hinweisen und dich auf deinem weiteren Lernweg ermutigen.

20

Nächste Schritte

Du hast das Ende dieses speziellen Weges durch die Welt des modernen JavaScript erreicht. Von der anfänglichen Frage "Was ist JavaScript?" in Kapitel 1 bis zum Verständnis der Landschaft von Bibliotheken und Frameworks in Kapitel 19 hast du eine riesige Strecke zurückgelegt. Das Ziel dieses Buches war es, eine Schritt-für-Schritt-Anleitung für Anfänger zu bieten und dein Wissen Schicht für Schicht aufzubauen. Ausgestattet mit diesen grundlegenden Konzepten bist du nun bereit, wirklich anzufangen zu bauen, zu experimentieren und deine Expertise zu vertiefen. Dieses letzte Kapitel ist kein Ende, sondern ein Wegweiser, der auf die aufregenden Straßen hinweist, die auf deiner fortlaufenden Programmiererreise vor dir liegen.

Rückblick: Was du gelernt hast

Nimm dir einen Moment Zeit, um über die Reise nachzudenken. Du begannst damit, JavaScript kennenzulernen (Kapitel 1) und seine Rolle zu verstehen. Dann hast du die grundlegenden Bausteine gemeistert: Variablen, Datentypen, Kommentare (Kapitel 2) und die Operatoren, die zu ihrer Manipulation benötigt werden (Kapitel 3). Du hast gelernt, den Fluss deiner Programme mit bedingten Anweisungen zu steuern (Kapitel 4) und Wiederholungen mit Schleifen zu automatisieren (Kapitel 5).

Als Nächstes hast du dich der Organisation von Daten gewidmet, zuerst mit geordneten Listen unter Verwendung von Arrays (Kapitel 6) und dann mit strukturierten Schlüssel-Wert-Paaren unter Verwendung von Objekten (Kapitel 7). Du hast die Macht wiederverwendbarer Codeblöcke durch Funktionen entdeckt (Kapitel 8) und die entscheidenden Konzepte von Scope und Hoisting entmystifiziert (Kapitel 9).

Nachdem die Kernsprache abgedeckt war, bist du in die Browserumgebung übergegangen und hast gelernt, über das Document Object Model (DOM) mit Webseiten zu interagieren (Kapitel 10) und mit Events auf Benutzerinteraktionen zu reagieren (Kapitel 11). Du hast dich dann der Welt der asynchronen Programmierung gestellt, Callbacks verstanden (Kapitel 12), die verbesserte Struktur von Promises (Kapitel 13) und die saubere Syntax von `async`/`await` (Kapitel 14). Du hast gelernt, das Unerwartete elegant mit Fehlerbehandlungstechniken zu handhaben (Kapitel 15) und deine wachsende Codebasis mithilfe von Modulen zu organisieren (Kapitel 16).

Du hast dich in die Kommunikation mit Servern vorgewagt, indem du mit APIs und dem `fetch`-Befehl gearbeitet hast (Kapitel 17), praktische moderne JavaScript-Funktionen wie Pfeilfunktionen und Destrukturierung erkundet hast (Kapitel 18) und schließlich einen Überblick über das breitere Ökosystem von Bibliotheken und Frameworks erhalten hast (Kapitel 19).

Du hast ein umfassendes Verständnis der Grundlagen des modernen JavaScript aufgebaut.

Üben, Üben, Üben!

Über Programmierkonzepte zu lesen ist eine Sache; sie wirklich zu verinnerlichen erfordert **aktives Codieren**. Wissen festigt sich, wenn du es anwendest, um Probleme zu lösen und Dinge zu bauen. Je mehr du codierst, desto flüssiger wirst du werden, und desto intuitiver werden sich diese Konzepte anfühlen. Scheue dich nicht zu experimentieren, Fehler zu machen und daraus zu lernen – das ist ein natürlicher und wesentlicher Teil des Prozesses.

Hier sind ein paar Ideen für Projekte, die du mit den erworbenen Fähigkeiten angehen kannst. Beginne einfach und steigere die Komplexität allmählich:

- **Interaktive To-Do-Liste:** Dies ist aus gutem Grund ein klassisches Anfängerprojekt. Du übst DOM-Manipulation (Elemente hinzufügen, entfernen, als erledigt markieren), Ereignisbehandlung (Button-Klicks, vielleicht Änderungen in Eingabefeldern) und vielleicht sogar das vorübergehende Speichern der Listendaten (obwohl persistente Speicherung ein weiterer Schritt ist).
- **Einfaches Quizspiel:** Erstelle ein Multiple-Choice-Quiz. Du musst deine Fragen strukturieren (vielleicht mit Arrays von Objekten), Benutzerauswahlen handhaben (Radio-Buttons oder Buttons), Antworten überprüfen, Punkte zäh-

len und Ergebnisse anzeigen – alles beinhaltet DOM-Manipulation und Ereignisbehandlung.

- **Wetter-App (mit einer öffentlichen API):** Finde eine kostenlose Wetter-API online. Verwende `fetch` (Kapitel 17), um Wetterdaten für eine vom Benutzer eingegebene Stadt abzurufen. Du übst asynchrones JavaScript, die Verarbeitung von JSON-Antworten und die Aktualisierung des DOM zur Anzeige der abgerufenen Informationen (Temperatur, Bedingungen usw.). Die Fehlerbehandlung für fehlgeschlagene API-Anfragen ist hier ebenfalls wichtig.
- **Einfaches Bilderkarussell/Slider:** Erstelle einen einfachen Bildbetrachter mit "Weiter"- und "Zurück"-Buttons. Dies beinhaltet die Verwaltung eines Arrays von Bildquellen, die Handhabung von Button-Klicks und die Aktualisierung des `src`-Attributs eines `<img>`-Tags.
- **Trinkgeldrechner:** Eine einfache Anwendung mit Eingabefeldern für den Rechnungsbetrag und den gewünschten Trinkgeldprozentsatz, einem Button zur Berechnung und der Anzeige des Trinkgeldbetrags und der Gesamtrechnung. Dies festigt die Handhabung von Benutzereingaben, grundlegende Berechnungen und die Aktualisierung des DOM.

Wähle ein Projekt, das dich interessiert, zerlege es in kleine, überschaubare Schritte und fang an zu codieren. Strebe anfangs nicht nach Perfektion; ziele darauf ab, es zum Laufen zu bringen, dann überarbeite und verbessere es.

Wesentliche Ressourcen

Während du weiter lernst und baust, wirst du unweigerlich auf Fragen stoßen oder spezifische Details nachschlagen müssen. Zu wissen, wo man zuverlässige Informationen findet, ist entscheidend.

- **MDN Web Docs (Mozilla Developer Network):** Dies sollte deine primäre Ressource sein. Gepflegt von Mozilla und der Community, bietet MDN umfassende, genaue und aktuelle Dokumentationen zu JavaScript, HTML, CSS, Web-APIs und mehr. Es enthält detaillierte Erklärungen, interaktive Beispiele und Informationen zur Browserkompatibilität. Mache MDN zu deiner ersten Anlaufstelle, wenn du Sprachfunktionen oder Browser-APIs nachschlägst.
- **Online-Entwicklergemeinschaften:** Plattformen wie Stack Overflow, Dev.to und andere beherbergen riesige Communities, in denen Entwickler Fragen stellen und beantworten. Die Suche auf diesen Seiten (mit spezifischen Fehlermeldungen oder Schlüsselwörtern) kann oft Lösungen für Probleme liefern, mit denen andere bereits konfrontiert waren. Denke daran, gründlich

zu suchen, bevor du eine neue Frage stellst, und wenn du fragst, liefere klare, prägnante Codebeispiele und beschreibe das Problem genau. Das Lesen, wie andere Probleme lösen, ist ebenfalls eine großartige Möglichkeit zu lernen.

- **JavaScript-Spezifikation (ECMAScript):** Für den wirklich tiefen Einblick definiert die offizielle ECMAScript-Spezifikation die Sprache selbst. Sie ist sehr technisch und dicht, normalerweise keine Lektüre für Anfänger, aber sie ist die ultimative Quelle der Wahrheit für das Sprachverhalten.

Effektives Suchen ist eine Fähigkeit für sich. Lerne, spezifische Suchanfragen mit Schlüsselwörtern, Fehlermeldungen und den beteiligten Konzepten zu formulieren.

Weiterlernen: Fortgeschrittene Themen

Die in diesem Buch behandelten Themen bilden das Fundament, aber die Welt von JavaScript ist riesig. Wenn du an Selbstvertrauen gewinnst, sind hier einige Bereiche, die du als Nächstes erkunden könntest:

- **Tieferer Einblick in Funktionen:** Closures, Higher-Order Functions, funktionale Programmiermuster (`map`, `filter`, `reduce`).
- **Objektorientierte Programmierung:** Prototypen, Vererbungsmuster, fortgeschrittene Klassenfunktionen.
- **Asynchrone Muster:** Fortgeschrittene Promise-Nutzung, Generatoren, asynchrone Iteratoren.
- **Testen:** Schreiben automatisierter Tests (Unit-Tests, Integrationstests) mit Frameworks wie Jest, Mocha oder Vitest, um sicherzustellen, dass dein Code korrekt funktioniert.
- **Build-Tools & Entwicklungs-Workflow:** Werkzeuge wie Vite, Webpack, Parcel und Paketmanager wie npm oder yarn, die Aufgaben wie das Bündeln von Modulen, das Transpilieren von modernem Code für ältere Browser und die Verwaltung von Projektabhängigkeiten automatisieren.
- **TypeScript:** Ein beliebtes Superset von JavaScript, das statische Typisierung hinzufügt und hilft, Fehler während der Entwicklung zu fangen, insbesondere in größeren Projekten.
- **Framework Deep Dives:** Wähle eines der in Kapitel 19 erwähnten Frameworks (React, Vue, Angular, Svelte) und widme Zeit dem Erlernen seiner spezifischen Konzepte und seines Ökosystems.
- **Node.js-Entwicklung:** Erkunde serverseitiges JavaScript, das Erstellen von APIs, die Interaktion mit Datenbanken und das Verständnis der Node.js-Umgebung.

- **Web-Performance & Optimierung**: Techniken, um deine Webanwendungen schneller laden und reibungsloser laufen zu lassen.
- **Web-Sicherheit**: Verständnis gängiger Schwachstellen (wie XSS, CSRF) und wie man sicheren Code schreibt.

Fühle dich nicht von dieser Liste überwältigt! Wähle Bereiche, die dich interessieren oder für die Projekte relevant sind, die du bauen möchtest, und lerne sie schrittweise.

Kapitelzusammenfassung

Dieses abschließende Kapitel diente als Reflexion über das Wissen, das du in diesem Buch erworben hast, und fasste die wichtigsten Meilensteine von der grundlegenden Syntax bis hin zur asynchronen Programmierung und Modulen zusammen. Die kritische Bedeutung der **Übung** wurde betont, zusammen mit konkreten **Projektideen**, um deine Fähigkeiten zu festigen. Wir hoben wesentliche **Ressourcen** hervor, insbesondere **MDN Web Docs**, für kontinuierliches Lernen und Nachschlagen. Wir gaben auch einen Einblick in **fortgeschrittenere Themen**, die du auf deiner weiteren Reise erkunden könntest. Programmieren, insbesondere mit einer dynamischen Sprache wie JavaScript in einem sich ständig weiterentwickelnden Ökosystem, ist eine Reise des kontinuierlichen Lernens.